Ana Maria Oleniki

O DÍZIMO e a CATEQUESE

EDITORA VOZES
Petrópolis

© 2020, Editora Vozes Ltda.
Rua Frei Luís, 100
25689-900 Petrópolis, RJ
www.vozes.com.br
Brasil

Todos os direitos reservados. Nenhuma parte desta obra poderá ser reproduzida ou transmitida por qualquer forma e/ou quaisquer meios (eletrônico ou mecânico, incluindo fotocópia e gravação) ou arquivada em qualquer sistema ou banco de dados sem permissão escrita da editora.

CONSELHO EDITORIAL

Diretor
Volney J. Berkenbrock

Editores
Aline dos Santos Carneiro
Edrian Josué Pasini
Marilac Loraine Oleniki
Welder Lancieri Marchini

Conselheiros
Elói Dionísio Piva
Francisco Morás
Gilberto Gonçalves Garcia
Ludovico Garmus
Teobaldo Heidemann

Secretário executivo
Leonardo A.R.T. dos Santos

PRODUÇÃO EDITORIAL
Aline L.R. de Barros
Eric Parrot
Jailson Scota
Marcelo Telles
Mirela de Oliveira
Natália França
Otaviano M. Cunha
Priscilla A.F. Alves
Rafael de Oliveira
Samuel Rezende
Vanessa Luz
Verônica M. Guedes

Projeto gráfico e diagramação: Ana Maria Oleniki
Revisão: Editora Vozes
Capa: Ana Maria Oleniki

ISBN 978-85-326-6339-9

Dados Internacionais de Catalogação na Publicação (CIP)
(Câmara Brasileira do Livro, SP, Brasil)

Oleniki, Ana Maria
    O dízimo e a catequese / Ana Maria Oleniki. – Petrópolis, RJ : Vozes, 2020.

    Bibliografia.

    4ª reimpressão, 2025.

    ISBN 978-85-326-6339-9

    1. Bênção 2. Catequese – Igreja Católica 3. Dízimo 4. Oferta Cristã 5. Vida cristã I. Título.

19-32193   CDD-248.6

Índices para catálogo sistemático:
1. Dízimo : Serviço de Deus : Vida cristã : Cristianismo   248.6
Cibele Maria Dias – Bibliotecária – CRB-8/9427

Este livro foi composto e impresso pela Editora Vozes Ltda.

SUMÁRIO

APRESENTAÇÃO, 5

INTRODUÇÃO, 6

1 A HISTÓRIA DO DÍZIMO, 13
- 1.1 Origem do dízimo, 14
- 1.2 O dízimo na Sagrada Escritura, 16
- 1.3 O dízimo na História da Igreja, 22
- 1.4 O dízimo no Brasil, 24

2 O DÍZIMO HOJE, 27
- 2.1 O que é o dízimo?, 28
- 2.2 Características do dízimo, 29
- 2.3 As dimensões do dízimo, 30
- 2.4 Finalidades do dízimo, 33
- 2.5 Dízimo e ofertas, 34

3 O DÍZIMO NA CATEQUESE, 37
- 3.1 Por que falar de dízimo na catequese, 39
- 3.2 As crianças e os adolescentes de hoje, 42
- 3.3 Como falar de dízimo aos catequizandos, 45

4 DÍZIMO MIRIM, 47
- 4.1 Orientações para a implantação do Projeto Dízimo Mirim na paróquia, 48
- 4.2 Passos para a implantação do Dízimo Mirim, 50
    Organização e definições, 50
    Orientações práticas, 53

5 ROTEIROS DE ENCONTROS, 57

REFERÊNCIAS, 79

Oração do dízimo

Pai Santo,
contemplando Jesus Cristo, vosso Filho bem amado
que se entregou por nós na cruz, e tocado pelo amor
que o Espírito Santo derrama em nós,
manifesto, com esta contribuição,
minha pertença à Igreja, solidário com sua missão
e com os mais necessitados.
De todo o coração, ó Pai, contribuo com o que posso:
recebei, ó Senhor. Amém!

FONTE: CNBB. Documento 106: O Dízimo na Comunidade de Fé. Brasília: 2016, p. 43-44

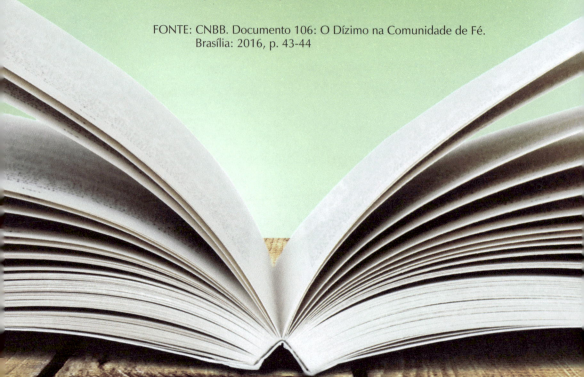

apresentação

Esta publicação, que ora apresento, constitui um valioso instrumento para introduzir a conscientização sobre o dízimo no itinerário catequético de crianças e adolescentes.

Com vasta experiência na Pastoral do Dízimo, a autora Ana Maria Oleniki constata que há uma comprometedora lacuna quando se trata de inserir a correta compreensão do dízimo nos processos de catequese. Devido a essa lacuna é comum nos depararmos com muitos frequentadores da comunidade de fé que, mesmo tendo participado da catequese na infância e adolescência, não se sentem motivados a contribuírem com o dízimo.

De forma didática, a autora trabalha dois importantes enfoques: na primeira parte, apresenta os fundamentos bíblicos, doutrinários e eclesiológicos do dízimo, voltados para a formação dos catequistas e dos introdutores que promovem a Iniciação à Vida Cristã; na segunda parte, de forma prática, oferece orientações e dicas para introduzir a conscientização do dízimo nos encontros de catequese.

Ao tratar o dízimo como um aspecto da vida eclesial a ser ensinado e motivado nos processos de catequese, esta publicação se mostra em estreita relação com o Documento 106 da CNBB, intitulado **O dízimo na comunidade de fé: orientações e propostas**, no qual se lê (§ 71): "recomenda-se que a conscientização sobre o dízimo faça parte da Iniciação à Vida Cristã, para que a todos seja dada a oportunidade de compreendê-lo bem e de contribuir generosamente. Nisso, a catequese tem uma importância singular".

Esta obra oferece ainda uma importante contribuição para a atual conjuntura eclesial, que propõe uma ampla conversão pastoral. Esta consiste em rever modelos e práticas pastorais que já se mostram ultrapassados. Neste caso, trata-se de rever as formas de arrecadação praticadas para assegurar a sustentação financeira da Igreja e da evangelização. Em lugar das sucessivas campanhas e eventos, voltados para a arrecadação dos recursos financeiros, necessários para a manutenção da comunidade, seria mais adequado conscientizar a comunidade eclesial para a contribuição do dízimo como meio pastoralmente adequado para a obtenção destes recursos.

Mais do que partilhar a vasta experiência oriunda de sua longa dedicação à Pastoral do dízimo, a autora oferece, com esta obra, uma importante contribuição, em vistas a suscitar novas perspectivas na forma de promover a conscientização para a oferta do dízimo. Uma oportuna comprovação em tempos de conversão pastoral.

O servidor do Evangelho,
Dom Francisco Cota de Oliveira
Bispo auxiliar e referencial da Pastoral do Dízimo da Arquidiocese de Curitiba

introdução

A Palavra de Deus é a base da fé e o referencial da vida do cristão. Conhecer a Bíblia e aprofundar-se em sua doutrina é o caminho para a plena vivência da fé, pois os ensinamentos, valores e a mensagem que nela se encontram, ampliados e explicados pelos Documentos do Magistério da Igreja, orientam e direcionam os passos a serem seguidos pelo povo de Deus.

Na catequese, as crianças e adolescentes são orientados a conhecer a mensagem e os ensinamentos de Jesus Cristo, presentes na Bíblia e a aplicá-los na vida familiar e comunitária. Dentre os ensinamentos que encontramos na Bíblia está o dízimo, presente no Antigo Testamento e no Novo Testamento. A Igreja peregrina, que vive e caminha continuamente na história e no mundo necessita, para cumprir sua missão, do que o mundo oferece, isto é, os bens temporais. Por isso é importante e necessário inserir o dízimo entre os temas abordados nos encontros de catequese, pois ele contribui para desenvolver e sustentar a ação evangelizadora da Igreja.

O conhecimento e a valorização da contribuição de cada fiel como gesto de fé, de ação de graças ao Deus da vida e da participação no sustento da comunidade e suas ações pastorais, missionárias e de caridade, certamente irão despertar nas crianças e adolescentes o sentimento de pertença, de amor e de partilha, ajudando-os a se tornarem adultos atuantes, conscientes e corresponsáveis pela comunidade.

Na Exortação Apostólica *Evangelii Gaudium*, o papa Francisco alerta sobre a importância da formação para que os cristãos assumam seu papel na comunidade:

> A tomada de consciência desta responsabilidade laical, que nasce do Batismo e da Confirmação, não se manifesta de igual modo em toda a parte; em alguns casos, porque não se formaram para assumir responsabilidades importantes (EG, n. 102).

Pelo Batismo todos são inseridos na Igreja e chamados a participar da atividade apostólica e missionária do povo de Deus. O dizimista participa efetivamente das ações missionárias da Igreja por meio de sua contribuição e, desta forma, torna-se corresponsável, integrando-se à vida comunitária.

É preciso que os catequizandos entendam o que é e como é praticado o dízimo, para que se torne uma ação natural, voluntária e parte da vida daqueles que passaram pelo processo de Iniciação à Vida Cristã, assumindo o seu lugar e seu papel como membros de uma comunidade alicerçada no amor, na participação e na partilha, proporcionando a todos uma vida plena, digna e fraterna.

Como o dízimo está inserido na doutrina da Igreja

O dízimo é bíblico

A Bíblia é a Palavra de Deus revelada de forma escrita. É a referência para a fé e para a vida dos cristãos. A principal fundamentação do dízimo encontra-se na Bíblia, pois ele está presente nos textos do Antigo e do Novo Testamentos.

> No Antigo Testamento encontram-se 43 referências ao dízimo e 11 referências no Novo Testamento.

Ao conhecer a História da Salvação narrada na Sagrada Escritura, percebe-se que a essência que o dízimo representa vai sendo "construída" de maneira progressiva até a vinda de Jesus Cristo, que nos ensinou a viver como comunidade do povo de Deus onde prevalece a solidariedade, a justiça, a fraternidade e onde tudo se partilha por amor.

O dízimo nos Mandamentos da Igreja

O **Código de Direito Canônico** estabelece que os fiéis são responsáveis por prover as necessidades materiais da Igreja e sustento de suas obras missionárias e de caridade.

> Cân. 222 – § 1. Os fiéis têm a obrigação de prover às necessidades de Igreja, de forma que ela possa dispor do necessário para o culto divino, para as obras de apostolado e de caridade, e para a honesta sustentação dos seus ministros.
> § 2. Têm ainda a obrigação de promover a justiça social e, lembrados do preceito do Senhor, de auxiliar os pobres com os seus próprios recursos (CDC, cân. 222).

O **Catecismo da Igreja Católica** apresenta cinco mandamentos ou preceitos a serem cumpridos pelos cristãos a fim de orientar para uma conduta moral ligada à vida litúrgica, vivência da fé que professa e crescimento do amor de Deus e do próximo (cf. CIgC, n. 2041).

É importante lembrar que, conforme esclarece o Catecismo da Igreja Católica, os Mandamentos da Igreja representam o mínimo indispensável para direcionar a uma vida de oração e correta postura moral, porém ao cristão cabe o esforço em realizar mais do que é proposto, conforme sua realidade e suas possibilidades.

Mandamentos da Igreja

1
Participar da missa inteira nos domingos e outras festas de guarda e abster-se de ocupações de trabalho.

2
Confessar-se ao menos uma vez por ano.

3
Receber o Sacramento da Eucaristia ao menos pela Páscoa da ressurreição.

4
Jejuar e abster-se de carne, conforme manda a Santa Mãe Igreja.

5
Ajudar a Igreja em suas necessidades.

> O Quinto Mandamento da Igreja insere o dízimo na perspectiva de cada dizimista assumir seu papel de corresponsável pela comunidade e suas ações de evangelização.

Os Documentos da Igreja direcionam o cristão a assumir este compromisso, porém, a Igreja Católica não estabelece valores fixos ou porcentagem sobre o que cada pessoa recebe, mas acolhe com gratidão a contribuição de cada um de seus membros. Assim, como diz São Paulo: *"Deus ama a quem dá com alegria"* (2Cor 9,7).

O dízimo é teológico

O dízimo estabelece a relação de fidelidade do homem com Deus (Criatura e Criador). É uma manifestação de fé e gratidão por tudo que se recebe de Deus Pai Criador de todas as coisas. Para isso cada cristão é convidado a fazer a sua parte colaborando para que a Igreja possa cumprir a sua missão de evangelizar.

> Contribuindo com parte de seus bens, o fiel cultiva e aprofunda sua relação com aquele de quem provém tudo o que ele é e tudo o que ele tem, e expressa, na gratidão, sua fé e sua conversão (CNBB, Doc. 106, p. 23).

O dízimo faz parte da doutrina cristã, pois está presente na Sagrada Escritura e nos Documentos do Magistério da Igreja. Sua finalidade é a de viabilizar o cumprimento da missão da Igreja de levar a toda a criatura a Boa-nova do amor incondicional de Deus e mostrar a verdade que é Jesus Cristo. *"Eu sou o caminho, a verdade e a vida"* (Jo 14,6).

Cada cristão recebe, pelo Sacramento do Batismo, a missão de evangelizar, mas isto requer a experiência pessoal do amor de Deus. Para isso, é necessário permitir que a verdade da fé presente na Sagrada Escritura transforme a própria vida e, assim, inspire o próximo em sua caminhada como membro da Igreja viva.

"Vós todos sois o Corpo de Cristo e, individualmente, sois membros desse corpo" (1Cor 12,27).

Quando há uma correta compreensão do dízimo como demonstração da fé que transforma, o fiel entende que contribuir é um direito que possui, pois sente-se parte ativa da vida da família-Igreja, identificando-se como membro do Corpo de Cristo.

O dízimo é pastoral

O objetivo do dízimo é sustentar a missão evangelizadora da Igreja. Quando o dízimo é consolidado como meio ordinário, ou seja, quando faz parte do processo regular de manutenção eclesial da comunidade, as ações pastorais são viabilizadas com os seus recursos e com isso cumpre-se a missão da Igreja por meio da vivência prática da comunhão e da partilha.

A Pastoral do Dízimo deve estar inserida na Pastoral de Conjunto, com suas atividades específicas, sendo responsável por motivar, planejar, organizar e executar iniciativas para a conscientização dos membros das demais pastorais e movimentos, assim como da comunidade em geral sobre a importância de ser dizimista.

A compreensão do dízimo como ato de fé cristã e sua importância na ação evangelizadora promoverá as condições para que se cumpra o mandato de Nosso Senhor Jesus Cristo: "*Então disse-lhes: Ide pelo mundo inteiro e proclamai o Evangelho a toda criatura!*" (Mc 16,15).

A história do dízimo

A experiência do dízimo está presente na história da humanidade desde a época dos nossos pais na fé que demonstravam o desejo de expressar a sua fidelidade e o seu agradecimento a Deus por sua infinita bondade e misericórdia. O sentimento de gratidão à presença de Deus em suas vidas era tão grande que eles sentiam a necessidade de louvar e bendizer com algo de si, algo realizado e fruto do trabalho de suas mãos.

1.1 Origem do dízimo

Desde o início da humanidade o homem buscava formas de honrar, agradecer e pedir perdão a Deus com a convicção de que tudo o que possuía era recebido de Deus, portanto tudo pertencia a Ele.

No Livro de Gênesis podem-se conferir alguns exemplos: Caim e Abel apresentaram ao Senhor frutos da terra e parte do rebanho como oferta (cf. Gn 4,3-4). Noé, após o dilúvio, construiu um altar e ofereceu animais e aves ao Senhor (cf. Gn 8,20-21).

As principais modalidades de ofertas citadas na Bíblia são:

As primícias

Os primeiros frutos colhidos eram oferecidos ao Senhor.

Essa era a maneira de agradecer a Deus por seu sustento.

"Levarás à casa do Senhor teu Deus os primeiros frutos do teu solo" (Ex 23,19).

"Honra o Senhor com tuas riquezas, com as primícias dos teus rendimentos" (Pv 3,9).

Os primogênitos

O mais velho dos homens e dos animais, pertenciam a Deus e a Ele deveriam ser entregues. O filho mais velho era consagrado e desde o nascimento vivia toda a sua vida ao serviço de Deus e para sua glória.

"O Senhor falou a Moisés: Consagra-me todo primogênito: todo o primeiro parto entre os israelitas, tanto de homens como de animais, será meu" (Ex 13,1-2).

O voto

O voto era a promessa feita voluntariamente, entendido como compromisso sério assumido com Deus. Os votos eram feitos em situações difíceis, em que a pessoa desejava um auxílio. Porém, a promessa feita a Deus deveria ser cumprida, pois quem não a cumprisse estaria em pecado (cf. Ecl 5,4-5).

No Novo Testamento, Jesus ensinou que não devemos fazer juramentos ou promessas, mas orienta que nossa palavra seja sim, se é sim; não, se é não (cf. Mt 5,34-37).

*A*o longo da História da Salvação são observados relatos de diferentes formas de oferecer a Deus bens e sacrifícios, dependendo dos costumes de cada época, sendo que todas estas formas têm em comum a atitude do homem de desfazer-se de algum bem pessoal e oferecê-lo a Deus.

Os sacrifícios

Eram oferecidos sacrifícios com a finalidade de demonstrar culto a Deus, de pedir perdão, de agradecer, de suplicar benefícios.

No holocausto, o animal (geralmente bezerros, carneiros ou aves sem defeitos) eram consumidos pelo fogo. A escolha do animal dependia da situação econômica do ofertante (cf. Lv 5,6-7).

O dízimo e as ofertas

Era o meio que as pessoas utilizavam para louvar e agradecer ao Senhor, oferecendo a Deus o que tinham de melhor, expressando a fidelidade e a fé do povo da Primeira Aliança com Deus. As pessoas viviam principalmente da agricultura e as transações eram feitas trocando um produto por outro. Por isso, os dízimos eram produtos agrícolas como farinha, azeite e mel ou animais como ovelhas, cabras ou bezerros (cf. 2Cr 31,5-6). Quando a pessoa não podia levar os produtos ao Templo, podia vendê-los e entregar em dinheiro.

O que significa a palavra "dízimo"?

A palavra dízimo vem do latim *décimu* e significa décima parte de um todo.

1.2 O dízimo na Sagrada Escritura

*N*a Bíblia o dízimo é mencionado diversas vezes e em diferentes situações. É preciso entender que ao longo dos textos bíblicos o dízimo vai se modificando a cada ciclo e evoluindo para seu significado essencial de fé, amor, gratidão e partilha.

Ao conhecer o percurso do povo de Deus, narrado no Antigo e no Novo Testamentos, percebe-se que, apesar de se apresentar de maneiras diferentes, a essência do dízimo permanece como ato que nasce de um coração agradecido, de demonstração de fé e de fidelidade a Deus.

O dízimo no Antigo Testamento

Nos livros do Antigo Testamento há muitas referências à palavra dízimo. No início oferecer parte de seus bens a Deus era uma ação espontânea na perspectiva de que Deus é o proprietário de toda a terra de onde provém o alimento e o sustento, portanto, a fonte de todas as bênçãos recebidas. Depois passa a ser norma jurídica a ser obedecida por todos para manter o Templo e o sustento dos levitas, dos sacerdotes e dos necessitados.

Para uma melhor compreensão, observe a seguir o percurso bíblico do dízimo no Antigo Testamento.

Os patriarcas

A palavra dízimo é mencionada pela primeira vez quando Abraão, pai da fé, retorna de um combate e decide oferecer uma parte de tudo o que recebeu pela vitória.

> Ao voltar depois da vitória contra Codorlaomor e os reis que com ele estavam, saiu-lhe ao encontro o rei de Sodoma no vale de Save, que é o vale do rei. Melquisedec, rei de Salém, trouxe pão e vinho e, como sacerdote de Deus Altíssimo, abençoou Abrão, dizendo: "Bendito seja Abrão pelo Deus Altíssimo, criador do céu e da terra! Bendito seja o Deus Altíssimo que entregou os inimigos em tuas mãos!" E Abrão lhe deu o dízimo de tudo (Gn 14,17-20).

Ainda em Gênesis há uma segunda menção quando o Patriarca Jacó promete dar o dízimo de tudo como gratidão pela proteção de Deus (cf. Gn 28,20-22). Nos textos, percebe-se que o dízimo é oferecido espontaneamente como forma de demonstrar o reconhecimento e agradecer a Deus pelos benefícios que Ele concede. Neste ciclo pode-se afirmar que o dízimo é um desejo espontâneo de demonstrar a gratidão e exaltar a soberania de Deus.

A partir de Moisés

No Livro de Levítico, em textos relacionados a Moisés, percebe-se que o dízimo passa a ser uma norma jurídica, fazendo parte da Lei Mosaica na qual todos deveriam entregar parte do que produziam.

> Todos os dízimos da terra, tanto dos cereais como dos frutos das árvores, pertencem ao Senhor; são coisas santas para o Senhor (Lv 27,30).

O dízimo passa a ter como finalidades:

- ✦ sustento dos levitas pelos trabalhos litúrgicos e por não terem parte ou herança entre os filhos de Israel (cf. Nm 18,21-32);
- ✦ como meio de ensinar o povo a temer a Deus (cf. Dt 14,22-23);
- ✦ auxílio aos necessitados como o estrangeiro, o órfão e a viúva (cf. Dt 14,28-29; 26,9-13).

Os profetas

Os profetas orientam que o dízimo não pode ser interpretado apenas como um preceito a ser cumprido. O profeta Amós prega que o dízimo e as ofertas não têm valor se não houver a conversão, o arrependimento e o compromisso com a justiça (cf. Am 4,4-5). O povo havia descuidado das ofertas e dízimos, e ofereciam ao altar do Senhor os animais doentes ou defeituosos.

O profeta Malaquias alerta o povo para que reflita sobre tais atitudes, dizendo:

Quando apresentardes sobre meu altar pão contaminado e dizerdes: Em que te contaminamos? E quando dizeis: A mesa do Senhor é desprezível. E quando apresentais um animal cego para o sacrificardes, não há mal nisso? Levai-o ao teu governador: acaso ele se agradará de ti ou te concederá um favor? – diz o Senhor dos exércitos (Ml 1,7-8).

E convoca o povo à conversão, para que se lembrem da fidelidade à Aliança com Deus e voltem a honrar o Senhor, exortando:

Trazei todos os dízimos para a casa do tesouro e, então, haverá alimento em minha casa. Podeis provar-me – diz o Senhor dos exércitos – e vereis que eu abrirei para vós as comportas dos céus e derramarei para vós uma bênção sem limites (Ml 3,10).

A trajetória do dízimo observada no Antigo Testamento demonstra que o gesto de agradecer e ofertar vai assumindo diferentes formas, porém com o mesmo significado da atitude que nasce da gratidão e da fé em Deus.

O dízimo no Novo Testamento

Nos livros do Novo Testamento há 11 referências ao dízimo. Percebe-se nos textos dos Evangelhos que o dízimo fazia parte da prática religiosa dos judeus, e Jesus o menciona duas vezes:

A primeira, no Evangelho de Mateus, Jesus fala aos fariseus que devem pagar o dízimo, contudo, não agradaria a Deus se não praticassem a justiça, a fidelidade e a misericórdia.

Ai de vós, escribas e fariseus hipócritas! Pagais o dízimo da hortelã, da erva-doce e do cominho e deixais de lado os ensinamentos mais importantes da Lei como o direito, a misericórdia e a fidelidade. Isto é o que deveríeis praticar, sem deixar o restante (Mt 23,23).

A segunda, no Evangelho de Lucas, Jesus conta a parábola do fariseu e do publicano, na qual condena a arrogância e soberba do fariseu.

Jesus lhes disse ainda esta parábola a respeito de alguns que se vangloriavam como se fossem justos, e desprezavam os outros: "Subiram dois homens ao Templo para orar. Um era fariseu; o outro, publicano. O fariseu, em pé, orava no seu interior desta forma: Graças te dou, ó Deus, que não sou como os demais homens: ladrões, injustos e adúlteros; nem como o publicano que está ali. Jejuo duas vezes na semana e pago o dízimo de todos os meus lucros. O publicano, porém, mantendo-se à distância, não ousava sequer levantar os olhos ao céu, mas batia no peito, dizendo: Ó Deus, tem piedade de mim, que sou pecador! Digo-vos: este voltou para casa justificado, e não o outro. Pois todo o que se exaltar será humilhado, e quem se humilhar será exaltado (Lc 18,9-14).

Com estes dois exemplos pode-se perceber que Jesus não se mostrava contrário ao cumprimento da Lei ao pagar o dízimo, porém, Ele ensina que o que agrada a Deus é a fidelidade, a prática da justiça e da misericórdia. Seus ensinamentos eram vivenciados pelo modo de acolher as pessoas, de se preocupar em devolver a dignidade aos mais fracos, aos doentes, aos oprimidos e aos marginalizados.

Jesus e os discípulos praticavam a partilha dos bens. Não era chamada de dízimo, mas era o modo de viverem, desprendidos dos bens materiais individuais e atendendo o bem comum (cf. Lc 8,1-3). O Mestre pregava o cumprimento do Mandamento do Amor, colocado em prática pela partilha alegre e generosa. Entre eles havia uma "bolsa comum" e utilizavam para as necessidades diárias (cf. Jo 13,29).

Segue a síntese da história do dízimo, que se modifica de forma progressiva desde os patriarcas, preparando o caminho para os ensinamentos de Jesus Cristo.

O dízimo na Sagrada Escritura

Os patriarcas

GRATIDÃO

Para os patriarcas Abraão e Jacó o dízimo era espontâneo e o meio de louvar e agradecer a Deus por tudo o que recebiam. Ofereciam para Deus 10% de tudo o que conquistavam como modo de demonstrar gratidão pelos benefícios recebidos.

A partir de Moisés

PRECEITO/NORMA

Após a Lei Mosaica, o dízimo torna-se uma norma jurídica. O povo obedecia a Lei pelo temor de punição. Eles entendiam que acumular tesouros era proibido por Deus. O dízimo servia para o sustento do Templo, dos sacerdotes e dos levitas.

Os profetas
FIDELIDADE

Os profetas pregavam que o dízimo estava ligado à fidelidade do povo à Aliança firmada entre Deus e os homens e não era simplesmente um sinal de formalismo. Deveria fazer parte da vida como demonstração de compromisso com Deus. Desaprovavam o dízimo oferecido como obrigação ou como modo de justificar má conduta.

Jesus e as primeiras comunidades
PARTILHA

Jesus ensina o cumprimento do Mandamento do Amor, colocado em prática pela partilha alegre e generosa das primeiras comunidades cristãs, que pela ação do Espírito Santo e de uma profunda conversão, colocavam todos seus bens em comum.

1.3 O dízimo na História da Igreja

Pentecostes marca o nascimento da Igreja fundada por Jesus. Os apóstolos, antes temerosos em assumirem serem seguidores de Jesus, com a força do Espírito Santo, mostram-se corajosos para anunciar e praticar os ensinamentos de Jesus Cristo ressuscitado.

No que se refere ao dízimo, os primeiros cristãos não se sentiam obrigados a cumprir a Lei, já que Jesus os havia libertado por não precisarem mais dos serviços dos levitas.

> Assim também vós, meus irmãos, morrestes para a Lei pelo corpo de Cristo, para serdes de outro, que ressuscitou dos mortos, a fim de podermos dar frutos para Deus (Rm 7,4).

As primeiras comunidades cristãs, fundamentadas nos ensinamentos de Jesus, passam a viver dividindo todos os seus bens, colocando o que possuíam para o uso de todos. Era uma decisão espontânea e natural da expressão do amor a Jesus Cristo e aos irmãos. O Livro Atos dos Apóstolos descreve como as primeiras comunidades viviam.

> E todos que tinham fé viviam unidos, tendo todos os bens em comum. Vendiam as propriedades e os bens e dividiam o dinheiro com todos, segundo a necessidade de cada um. (At 2,44-45)
>
> Não havia necessitados entre eles. Os proprietários de campos ou casas vendiam tudo e iam depositar o preço da venda aos pés dos apóstolos. Repartia-se, então, a cada um segundo sua necessidade (At 4,34-35).

A partilha dos bens, como vimos anteriormente, não era chamada de dízimo, mas desta experiência nasceu a consciência de que todos os cristãos são responsáveis pelo sustento da missão que Jesus Cristo havia lhes deixado: a evangelização, isto é, levar os ensinamentos do Evangelho a todas as pessoas.

A Igreja nascente vivia uma realidade bem diferente da atual e no início, enquanto eram poucos, este modo de viver foi uma experiência maravilhosa de partilha e união. Porém, com o crescente número de cristãos que se agregavam à comunidade, tornou-se difícil a continuidade da prática da partilha comum. Optaram, então, por ofertas e doações espontâneas, de onde era retirado o necessário para as celebrações e o restante era dividido entre os sacerdotes e os pobres. As pessoas que se dedicavam a anunciar o Evangelho viviam do Evangelho, isto é, eram sustentadas pelas ofertas da comunidade (cf. 1Cor 9,13-14).

Não havia nenhuma exigência explícita em relação às ofertas e doações, cada um contribuía conforme as suas possibilidades. São Paulo diz: "*Que cada um dê conforme tiver decidido em seu coração, sem pesar nem constrangimento, pois Deus ama a quem dá com alegria*" (2Cor 9,7).

A Igreja em crescimento

Até o século VI a Igreja foi mantida por meio de ofertas e doações espontâneas. A comunidade era estimulada a ser generosa, porém, os diversos problemas políticos como as invasões bárbaras e a queda do império romano, geraram insegurança e as doações diminuíram, deixando a Igreja em situação econômica difícil. As ofertas não eram mais suficientes para suprir as necessidades. Houve, por parte dos bispos, um incentivo para que a comunidade aderisse ao dízimo bíblico, mas não foi bem aceito pelo povo e as dificuldades aumentaram progressivamente.

No ano de 585, os bispos reuniram-se no III Concílio de Mâcon e, com a intenção de tornar os fiéis responsáveis pela subsistência de suas comunidades, decretaram o dízimo como obrigatório, sob pena de excomunhão aos que não cumprissem a norma.

O que era um ato espontâneo e compromisso moral passa a ser uma imposição legal, que se espalhou pelos países da Europa. Carlos Magno, em 779, decretou que os franceses deveriam pagar o dízimo à Igreja e as pessoas interpretaram como mais um imposto a pagar, e não agradou a questão do Estado interferir na vida eclesial.

No século XVIII, o Rei da França Luís XVI cancelou a lei que obrigava o pagamento do dízimo. Esta atitude foi imitada pelos demais governos europeus e em nenhuma diocese da Europa cobrava-se o dízimo. A Igreja passou a se manter com a cobrança de taxas, espórtulas e com as ofertas.

Taxas e espórtulas: donativos que se faz para a Igreja por ocasião de Batismo, Crisma, Matrimônio ou ao solicitar uma missa a ser oferecida pela intenção pessoal de alguém.

1.4 O dízimo no Brasil

No Brasil, durante o período imperial, o dízimo era obrigatório e pago diretamente ao Estado, que repassava para a Igreja no sistema chamado PADROADO. Havia o "cobrador de dízimo" que passava nas residências arrecadando-o em nome da Igreja e do Estado. Nessa época já havia a corrupção, e somente uma parte do que era arrecadado chegava até a Igreja, o que causou muita confusão e desentendimento, inclusive na questão da aplicação do dinheiro.

Com a Proclamação da República, em 1889, o Estado deixa de repassar o dízimo (imposto religioso) à Igreja. Desde então, o governo provisório decreta, em 1890, a separação entre Igreja e Estado, obrigando a Igreja gerar e administrar os seus recursos.

A Igreja no Brasil adquire a sua liberdade de ação e de patrimônio e se organiza para promover sua própria manutenção. Passa a receber contribuições dos fiéis pelas celebrações dos sacramentos e sacramentais. Essas contribuições eram recebidas em produtos ou dinheiro, dando início ao sistema de taxas, festas e quermesses.

A partir de 1969, percebendo que o sistema de taxas não atendia ao projeto de evangelização, a Confederação dos Bispos do Brasil (CNBB) iniciou o processo para a implantação do dízimo no Brasil. Esse caminho foi de muita reflexão e estudo.

1969
X Assembleia Geral

- Decidiu-se por realizar um estudo teológico e científico sobre o dízimo.

1970
XI Assembleia Geral

- Criação de comissão especial para prosseguir os estudos criados após a X Assembleia Geral.
- Elaboração de plano para implantação do dízimo em âmbito nacional, a partir de resultados das pesquisas e estudos realizados nas dioceses.

1971
XII Assembleia Geral

* Aprovação do plano para implantação do dízimo em âmbito nacional elaborado na XI Assembleia Geral.
* Percebeu-se a necessidade da elaboração de subsídios com orientações para a implantação do dízimo nas dioceses.

1973
XIII Assembleia Geral

- Análise sobre o andamento do processo de implantação do dízimo e percepção de inviabilidade de ser realizado a partir de um plano nacional com cronograma único, dadas as diferenças e particularidades de cada diocese no extenso território brasileiro.

1974
XIV Assembleia Geral

- Decidiu-se:
  - Todas as Igrejas particulares (dioceses) no Brasil devem ter como meta a implantação do dízimo, como contribuição sistemática, que substitua progressivamente o sistema de taxas.
  - Haja um intenso trabalho de conscientização do povo e dos agentes de pastoral, em nível diocesano, paroquial e comunitário (CNBB, 1974).
* A CNBB, no entanto, não obrigou a implantação imediata do dízimo em todas as dioceses, mas deixou a critério dos bispos a decisão do momento oportuno para fazê-lo.

Estudos da CNBB 8 - Pastoral do Dízimo

Em 1974 a CNBB publicou o livro *Estudos da CNBB 8 – Pastoral do Dízimo*, que muito contribuiu para a implantação do dízimo e o desenvolvimento da Pastoral do Dízimo no Brasil.

Esse material possui duas partes:

- Subsídios para estudo e reflexão.
- Subsídios para a implantação do dízimo nas dioceses e paróquias.

O Estudo 8 da CNBB foi o subsídio de extrema importância para a Pastoral do Dízimo, porém, com o passar dos anos, percebeu-se a necessidade de renovar as orientações e conteúdos e, em 2014 retomou-se, por parte da CNBB, a reflexão sobre o tema dízimo. As reflexões e estudos destacaram a importância de garantir o "sentido comunitário" do dízimo e elaborou-se um novo documento.

> **Documentos da CNBB 106**
> **O Dízimo na Comunidade de Fé: orientações e propostas**
>
> No mês de agosto de 2016, a CNBB publicou o Documento 106 – **O Dízimo na Comunidade de Fé: orientações e propostas**, visando orientar e consolidar a Pastoral do Dízimo no Brasil e dando continuidade às indicações contidas no **Estudo 8**.
>
> No Documento 106 o dízimo é apresentado na perspectiva da evangelização e indica elementos bíblicos e teológicos para a sua compreensão.
>
>
>
> Dízimo, doação, missão, comunidade! Igreja comunidade de comunidades, que recebeu a missão de evangelizar! A missão pede entrega, doação, generosidade. O dízimo expressa a participação da pessoa batizada na missão de anunciar o "Evangelho da Alegria!" Evangelização que acontece como presença da comunidade, como anúncio-palavra, como obras de misericórdia (CNBB, Doc. 106, p. 7).

O dízimo hoje

A Igreja no Brasil, hoje, segue as orientações e propostas do Documento 106 da CNBB, que indica elementos, informa conceitos e oferece orientações para que as paróquias e as comunidades compreendam o dízimo e sua ação pastoral situando-o no âmbito da fé cristã e em sua finalidade evangelizadora.

2.1 O que é o dízimo?

O dízimo é uma contribuição sistemática e periódica dos fiéis, por meio do qual cada comunidade assume corresponsavelmente sua sustentação e da Igreja (CNBB, Doc. 106, n. 6).

Dízimo é a demonstração de gratidão e reconhecimento a Deus por tudo o que recebemos e o que somos. É partilha que gera fraternidade, união e solidariedade. É o compromisso de cada cristão para, em comunidade, colaborar com o Projeto Divino neste mundo.

Dízimo é contribuição

A CNBB orienta a unificar a linguagem a ser utilizada para falar de dízimo que precisa estar em sintonia com o seu correto significado. Após analisar os diversos termos utilizados nas diferentes regiões do país, a CNBB concluiu que o termo que melhor transmite o sentido do dízimo é CONTRIBUIR, sendo que também pode-se utilizar o termo PARTILHAR (cf. CNBB, Doc. 106, n. 57).

Termos oficiais quando se refere ao dízimo.
- ✓ CONTRIBUIR
- ✓ PARTILHAR

Quando o fiel contribui, dando parte do fruto de seu trabalho para o objetivo comum que é a evangelização, significa que ele não está sozinho e sim fazendo a sua parte, juntamente com outras pessoas; isto é, está solidariamente tornando-se responsável e formando comunidade.

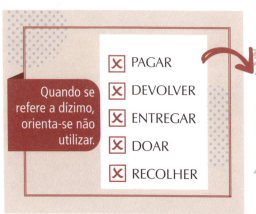

Quando se refere a dízimo, orienta-se não utilizar.
- ✗ PAGAR
- ✗ DEVOLVER
- ✗ ENTREGAR
- ✗ DOAR
- ✗ RECOLHER

Não se deve, por exemplo, utilizar o termo "pagar", pois o dízimo não é uma taxa e sim um gesto.

Quem deve contribuir

O Batismo nos faz membros da Igreja, responsáveis por sustentar e investir na evangelização. Portanto, todos os cristãos batizados que professam a sua fé e que possuem renda são chamados a participar da missão da Igreja por meio da contribuição consciente do dízimo.

Quem atua como voluntário na Igreja precisa contribuir com o dízimo?

Sim, pois o voluntário realiza sua tarefa porque sente vontade de fazê-lo. Ao utilizar o seu tempo e seus dons está agindo espontaneamente. Portanto, caso coloque o seu serviço voluntário como forma de dízimo, estará "cobrando" pelos serviços e não mais caracterizará o trabalho como voluntário.

Observação: no caso da Igreja necessitar de um profissional para realizar um serviço que será pago e o membro da comunidade, ao realizar este serviço, tem a opção de não cobrar e solicitar que o valor seja incluído como seu dízimo.

Com quanto devemos contribuir?

Para a Igreja Católica o dízimo não é obrigatório. Contribuir com o dízimo deve ser uma opção voluntária do cristão e o valor a contribuir também deve ser uma decisão do próprio dizimista. Quem tem mais, pode contribuir com um valor maior; quem tem menos, participa contribuindo com um valor à partir de sua realidade, porém não devemos oferecer a sobra ou o resto. A quantia deve ser o resultado de uma reflexão e representar a superação do egoísmo para a realização da partilha consciente.

2.2 Características do dízimo

Para a correta compreensão do dízimo como sistema de contribuição precisa-se observar as seguintes características:

COMPROMISSO DE FÉ: O dízimo é um gesto de fé e conversão do cristão que acredita no que professa e por isso demonstra com alegria seu desejo de participar da missão de evangelizar. Sem a fé o dízimo é um pagamento e o seu significado é apenas material.

COMPROMISSO MORAL: A opção pelo dízimo é uma decisão pessoal do cristão que deseja ser parte ativa e corresponsável pela comunidade a que pertence. O dízimo não é obrigatório, porém ajudar a Igreja em suas necessidades é Mandamento da Igreja e cada cristão batizado é chamado a contribuir com consciência e generosidade na comunidade a que pertence.

DECISÃO CONSCIENTE: Ao fazer a opção de ser dizimista, o cristão entende as necessidades da Igreja e oferece uma quantia importante e generosa para si mesmo e para a comunidade. A decisão de qual valor a contribuir é a resposta para a pergunta: Essa quantia é importante? É preciso que se entenda que o valor a contribuir não deve representar algo que prejudique a família privando-a de elementos essenciais para o bem-estar familiar, mas por outro lado, precisa ter um significado e não representar apenas uma sobra.

SISTEMÁTICO E PERIÓDICO: O dízimo é uma opção de contribuição permanente, isto é, o cristão está consciente de que a comunidade irá se organizar prevendo uma quantia aproximada que terá disponível para cumprir seus compromissos mensais; por isso, há a necessidade de que seja um compromisso sistemático. Quanto à periodicidade, orienta-se que, como os compromissos a serem cumpridos geralmente são mensais, a contribuição dizimal acompanhe este intervalo e também seja mensal.

2.3 As dimensões do dízimo

Os recursos obtidos por meio da contribuição do dízimo fazem com que a evangelização aconteça de modo integral, pois nos une ao Pai pela expressão de gratidão e fé (Dimensão Religiosa), nos possibilita a vivência de membros da Igreja (Dimensão Eclesial), proporciona levar Jesus Cristo a todos os que necessitam (Dimensão Missionária) e manifesta o cuidado com os pobres (Dimensão Caritativa).

> As dimensões do dízimo são compreendidas como propósito no qual ele está inserido na Igreja e na vida de cada fiel.

❤ Dimensão Religiosa

Esta dimensão trata da relação do cristão com Deus. Contribuindo com parte de seus bens, o fiel cultiva e aprofunda sua relação com Aquele de quem tudo provém.

Quando a pessoa cultiva a sua relação com Deus, expressando sua gratidão, sua fé e sua conversão; ou seja, mudança de atitudes, assumindo seu papel como cristão, passa a entender o quanto é importante libertar-se do apego excessivo aos bens materiais, passando a viver profunda espiritualidade cristã.

❤ Dimensão Eclesial

A dimensão eclesial do dízimo permite ao fiel vivenciar a sua consciência de membro da Igreja, participando efetivamente e contribuindo para que a comunidade tenha o necessário para realizar o culto divino (cf. CNBB, Doc. 106, 2016). A Igreja precisa de recursos para se sustentar e para cumprir a missão; e os cristãos batizados são chamados a contribuir, por meio do dízimo e das ofertas, para que a comunidade garanta os instrumentos necessários para a evangelização.

❤ Dimensão Missionária

Jesus deixou aos seus discípulos a missão de evangelizar e anunciar o Evangelho e, por extensão, hoje, seu mandato a todos os batizados é: *Ide pelo mundo inteiro e proclamai o Evangelho a toda criatura* (Mc 16,15). Para responder ao seu mandato é preciso sair da condição de acomodamento e ir ao encontro dos irmãos para anunciar Jesus e seus ensinamentos. A Igreja em saída, conforme insiste o papa Francisco, deve ser praticada pela comunidade e garantir o envio de missionários, seja na própria comunidade ou fora de seus limites territoriais. No Evangelho de Mateus Jesus diz: *Vós sois a luz do mundo [...]* (Mt 5,14), isto é, o cristão deve ser luz que ilumina o caminho dos irmãos conduzindo-os para o caminho do bem. O dizimista, por meio de sua contribuição, colabora com as ações missionárias da Igreja levando vida e luz ao mundo.

O dízimo também permite realizar a partilha com as comunidades que não conseguem prover suas necessidades com os próprios recursos e precisam da ajuda de outras, colaborando com os projetos das Igrejas-irmãs (cf. CNBB, Doc. 106, 2016).

♥ Dimensão Caritativa

As primeiras comunidades cristãs partilhavam seus bens, colocando tudo em comum. Esta experiência de vida comunitária é um referencial que orienta a prática da partilha.

A comunidade precisa preocupar-se com o atendimento aos pobres, pois é uma exigência para que a evangelização se realize concretamente. A caridade é o amor aos irmãos colocado em prática, especialmente no atendimento aos mais carentes proporcionando a promoção humana, capacitando as pessoas para um trabalho integral, oferecendo recursos para que todos vivam com dignidade e atendendo as suas necessidades mais urgentes.

O Documento 105 da CNBB, *Cristãos Leigas e Leigos na Igreja e na Sociedade*, alerta para a importância da prática da caridade:

> A Igreja é chamada a ser sinal e promotora do Reino de Deus. "Para isto existe a Igreja: para o Reino de Deus, que o Cristo glorificado, na força do Espírito, continua a realizar na história humana." Dessa convicção ela se nutre e nessa direção se organiza em suas estruturas, funções e serviços. A gratuidade do serviço à humanidade, de modo particular aos mais necessitados, é o sinal mais visível de que o Reino de Deus já se faz presente no mundo (CNBB, Doc. n. 105, n. 242).

No Evangelho de Mateus, Jesus fala sobre a caridade nos ensinando a prática do amor ao próximo:

> [...] pois eu estava com fome, e me destes de comer; estava com sede e me destes de beber; eu era forasteiro e me recebeste em casa; estava nu, e me vestistes; doente, e cuidastes de mim; na prisão, e viestes até mim.
>
> [...] em verdade vos digo: todas as vezes que fizestes isso a um destes mínimos que são meus irmãos, foi a mim que o fizestes (Mt 25,35-36.40).

Jesus nos ensina que a prática da caridade, atendendo aos pobres e necessitados, é a vivência do amor a Ele por meio do irmão. Por isso o cristão não pode fechar os olhos diante da necessidade do irmão que sofre.

*P*ara que a evangelização aconteça de forma integral, é importante que os recursos recebidos com as contribuições do dízimo e das ofertas contemplem todas as necessidades da comunidade e que o investimento não se dê apenas em um setor. Por isso, é importante que a Pastoral do Dízimo paroquial, o pároco, o Conselho de Assuntos Econômicos e o Conselho de Pastoral trabalhem unidos pelo bem da comunidade.

2.4 Finalidades do dízimo

As finalidades do dízimo consistem no direcionamento dos recursos arrecadados por meio das contribuições, para que sejam atendidas as necessidades que decorrem das dimensões Eclesial, Missionária e Caritativa, motivando os fiéis a assumirem o compromisso de corresponsabilidade nas obras evangelizadoras da Igreja. O Documento 106 da CNBB esclarece sobre as finalidades do dízimo:

Organizar o culto divino, prover o sustento do clero e de demais ministros, praticar obras de apostolado de missão e de caridade, principalmente em favor dos pobres. O CDC estabelece também que os fiéis têm a obrigação de "socorrer" a Igreja nas necessidades da Igreja (cf. CDC 1254, 1-2, apud CNBB, Doc. 106, n. 35).

Portanto, os recursos arrecadados com o dízimo e as ofertas devem ser investidos nas seguintes finalidades:

a) Finalidade Eclesial

Parte dos recursos do dízimo deve ser destinada a garantir que a comunidade tenha o necessário para celebrar, catequizar e manter a estrutura da paróquia. Utilizando recursos para:

Celebrações: aquisição e manutenção de materiais e objetos litúrgicos, limpeza e manutenção da Igreja.

Catequese: formação de catequistas, materiais para a catequese, manutenção dos espaços da catequese, recursos para os encontros e celebrações.

Manutenção geral da paróquia: pagamentos de contas de água, luz, telefone, internet, salários de funcionários, reformas e construções, ajuda de custo para o padre.

b) Finalidade Missionária

As ações missionárias devem ser contempladas com parte dos recursos do dízimo, assumindo despesas como transporte, alimentação e materiais dos missionários que vão ao encontro dos irmãos que ainda não participam da alegria de conhecer Jesus Cristo e seus ensinamentos, e atendendo ao papa Francisco que pede para que a Igreja esteja "em saída" e não se acomode dentro dos limites de sua paróquia. A finalidade missionária contempla, também, a partilha de parte dos recursos com as Igrejas-irmãs que não possuem os recursos necessários para seu sustento.

c) Finalidade Caritativa

O dízimo deve prover recursos para atender os pobres, realizando obras de caridade para suprir as necessidades urgentes, como: roupas, alimentos e remédios, e dando assistência. Ainda, deve realizar a promoção humana oferecendo capacitação e formação para que as pessoas vulneráveis consigam apoio e meio de sustentação.

2.5 Dízimo e ofertas

O dízimo e as ofertas são a base de sustentação financeira de uma comunidade fiel, organizada e evangelizadora, e se complementam, porém são distintas.

Dízimo

É um compromisso assumido com a comunidade, contribuindo a cada mês com uma parte dos rendimentos, motivada pela gratidão para com Deus. É uma contribuição regular que possibilita à paróquia programar-se para atender as despesas mensais da evangelização.

O dízimo é mensal e deve ser entregue na paróquia na qual o fiel participa e recebe os sacramentos.

Ofertas

A oferta é um gesto pessoal e espontâneo que cada um oferece a Deus como gratidão no momento litúrgico do ofertório, apresentando sua vida, suas alegrias, tristezas, esperanças e também algo material, fruto do seu trabalho.

O Livro do Eclesiástico menciona a oferta como modo de glorificar a Deus:

> Não se apresente de mãos vazias diante do Senhor, pois tudo é pedido pelos mandamentos. A oferta do justo alegra o altar, e o seu perfume sobe até o Altíssimo. Glorifique o Senhor com generosidade, e não seja mesquinho nos primeiros frutos que você oferece. (Eclo 35,4-5)

As ofertas serão destinadas para a manutenção da Igreja e sua missão evangelizadora. A oferta é realizada na paróquia na qual o fiel está participando da celebração, podendo ser a paróquia a que pertence ou em ocasião da visita a outras paróquias.

Durante o Ano Litúrgico a Igreja Católica organiza campanhas e coletas especiais, que têm como objetivo promover a solidariedade, a partilha e a comunhão entre os fiéis. É uma maneira de promover a corresponsabilidade de todos pela Igreja e pela casa comum.

Conhecendo um pouco mais sobre o dízimo e sua trajetória, juntamente com a história do povo de Deus e da Igreja, é possível perceber que ele está diretamente ligado à vida do cristão que, pelo Batismo, é chamado a ser missionário, anunciando o Evangelho com alegria.

Para isto, é fundamental viver de acordo com a fé que professa, seguindo os ensinamentos de Jesus Cristo e observando a doutrina da Igreja. Como falar de amor ao próximo e não se compadecer do irmão que sofre; como falar sobre justiça e não praticá-la. Portanto, todos são chamados a uma conversão sincera e, desta forma, contagiar as pessoas anunciando o Evangelho com o testemunho da própria vida.

Conscientes de que o dízimo faz parte da Sagrada Escritura, que está presente nos Documentos da Doutrina do Magistério da Igreja como elemento que professa a fé como meios que a Igreja possui para suprir suas necessidades e realizar as ações evangelizadoras, é preciso orientar e motivar o fiel sobre o significado e a importância do dízimo e das ofertas desde a Iniciação à Vida Cristã.

O dízimo é um meio e não um fim

A Igreja é peregrina, vive no mundo e precisa do que o mundo oferece, isto é, os bens temporais, para dar continuidade evangelizando. O dinheiro é necessário, porém sem permitir ser escravizado por ele. É preciso utilizar os bens e não se deixar utilizar por eles. Por isso é correto afirmar que os recursos arrecadados com o dízimo e com as ofertas **não** são o **objetivo final** e sim servem de **meios para cumprir** o objetivo da Igreja e de cada cristão batizado que é **evangelizar**. Por meio do dízimo motivado pela fé, os fiéis vivenciam a comunhão, a participação e a corresponsabilidade na evangelização.

3
O dízimo na catequese

A Igreja é essencialmente missionária e precisa ser uma comunidade inspirada em Jesus, que passou sua vida na terra ensinando e praticando o amor e o cuidado com o próximo.

Dízimo na catequese — **QUAL A DIFERENÇA?** — **Dízimo Mirim**

O **dízimo na catequese** é o tema dízimo, seus fundamentos, significado e dimensões inseridos entre os assuntos a serem abordados nos encontros de catequese levando aos catequizandos o conhecimento do significado e da importância do dízimo para a comunidade.

Dízimo Mirim ou **diziminho** é o projeto de implantação do sistema de contribuição do dízimo para as crianças e adolescentes. E deve ser consequência do desejo espontâneo dos catequizandos de participar de forma concreta da comunidade após a compreensão do dízimo como demonstração de gratidão, fé e meio evangelizador. Este processo exige planejamento e preparo para que seja uma experiência positiva e gesto de fé.

3.1 Por que falar de dízimo na catequese ?

Pelo Sacramento do Batismo, todos os cristãos são chamados a serem seguidores de Jesus e a testemunhar os seus ensinamentos, vivendo uma vida de amor, de fé e de fraternidade. A vida em comunidade oportuniza a experiência concreta de amor e partilha, mobilizando seus membros a colocar os seus dons a serviço das pastorais e movimentos e a participar do sustento da Igreja, com a contribuição do dízimo e das ofertas.

Recomenda-se que a conscientização sobre o dízimo faça parte da Iniciação à Vida Cristã para que todos tenham a oportunidade de compreendê-lo e de contribuir generosamente (cf. CNBB, Doc. 106, n. 71).

Somos a expressão do amor de Deus e a criança precisa aprender desde cedo a sentir gratidão pelo dom da vida e por tudo o que recebe do Pai. Por isso, é importante que seja estimulada a conhecer e refletir sobre os ensinamentos de Jesus presentes na Bíblia, para que os aprofunde progressivamente de modo a vir vivenciá-los na vida adulta.

Ao reconhecer que Deus é o Senhor de todos os bens vem a necessidade de retribuir tanto amor e sentir o privilégio de participar ativamente como membro do povo de Deus. Essa retribuição será a expressão da gratidão e da fé em Deus.

> " A gratidão é uma das melhores formas de honrar o Senhor. A gratidão brota da confiança que prestamos ao nosso Deus. (Papa Francisco) "

A criança que entende o sentido do dízimo aprende valores em que predominam Amor Fé Gratidão

A Igreja é a comunidade de quem segue os passos de Jesus e pratica os seus ensinamentos de amor, justiça, fraternidade e perdão, e deve ser uma comunidade viva que cumpre o seu papel missionário. É preciso orientar as crianças e adolescentes para a vida comunitária, incentivando-os para o trabalho em grupo, a convivência fraterna e o sentido de viver em comunhão como a Família de Deus.

Ao apresentar o dízimo à luz da Palavra de Deus, ou seja, refletido a partir de um texto bíblico, oferece-se a oportunidade para que as crianças e adolescentes desenvolvam a consciência e compreendam o significado de ser comunidade e de partilhar o que se possui, de ser grato pelos bens e os dons que Deus concede e alerta-se sobre o apego exagerado aos bens materiais e ao consumismo excessivo.

O dízimo é uma maneira de orientar as crianças e adolescentes para a prática da partilha, da solidariedade, da justiça e do amor como parte do processo de amadurecimento de ser cristão e da compreensão do que é ser comunidade. Portanto, é preciso lembrar do que nos sinaliza o Livro dos Provérbios: *Eduque o jovem no caminho a seguir, e até a velhice ele não se desviará* (Pv 22,6).

Por isso, é necessário que o dízimo faça parte dos ensinamentos da catequese, para que as crianças e adolescentes aprendam desde cedo o sentido da pertença, da partilha, da ação de graças e o que envolve o compromisso com a ação evangelizadora da comunidade.

O dízimo expressa os dois maiores mandamentos de Jesus Cristo:

O AMOR A DEUS E O AMOR AO PRÓXIMO!

Objetivos do dízimo na catequese

Os objetivos almejados em relação aos catequizandos, ao propor o tema dízimo na catequese são:

✓ Evangelizar e fortalecer na fé.
✓ Motivar a refletirem sobre o sentimento de gratidão a Deus a aos outros.
✓ Despertar a consciência da partilha para que se tornem adultos conscientes de sua responsabilidade na comunidade, libertando do egoísmo e da cultura materialista.
✓ Perceber as necessidades dos irmãos e demonstrar amor ao próximo pela concretização do amor demonstrado em obras.
✓ Criar laços de união com a comunidade, desenvolvendo o sentimento de pertencer à família-Igreja.
✓ Motivar a assumir a missão de cristãos batizados ocupando seu papel na comunidade e a participar de pastorais, grupos ou movimentos.

3.2 As crianças e os adolescentes de hoje

O mundo vive em constante mudança que pode ser constatada nos progressos em vários campos, como por exemplo, da tecnologia e da ciência. São notáveis os sucessos que contribuem para o bem-estar da humanidade, mas, por outro lado, percebemos nos noticiários e meios de comunicação que as pessoas estão perdendo a referência do amor que Jesus Cristo pregou e do amor ao próximo, da solidariedade e da fraternidade. Sobre isso o papa Francisco nos alerta ao dizer:

> O grande risco do mundo atual, com a sua múltipla e avassaladora oferta de consumo, é uma tristeza individualista que brota do coração comodista e mesquinho, da busca desordenada de prazeres superficiais, da consciência isolada. Quando a vida interior se fecha nos próprios interesses, deixa de haver espaço para os outros, já não entram os pobres, já não se ouve a voz de Deus, já não se goza da doce alegria do seu amor, nem fervilha o entusiasmo de fazer o bem (EG, n. 2).

Estas palavras do papa nos fazem refletir sobre a importância de humanizar nossas crianças e adolescentes oferecendo-lhes motivações para viver a partilha, para sentir a alegria que se tem ao praticar a solidariedade, ao ajudar o próximo. Para isto, não se pode perder de vista as características da realidade de grande parte das crianças e adolescentes dos dias atuais, tendo presente algumas condições da realidade:

CRESCEM SEM A PRESENÇA DOS PAIS

As exigências do mundo presentes na dinâmica do mundo atual, em busca do sustento e conquista de conforto e segurança, transformaram a rotina familiar. Hoje, grande parte das crianças e adolescentes não tem a presença dos pais por tempo suficiente e isso faz com que cresçam frágeis na fé quando não recebem as orientações e o testemunho familiar. Além disso, muitos pais não percebem que, mesmo presentes, são ausentes, pois não estabelecem uma conexão emocional e de envolvimento com seus filhos que lhes permita criar vínculo de amor, diálogo, respeito e união, como também estabelecer regras e testemunhar valores que são a base para o desenvolvimento do bom cidadão e do bom cristão.

NÃO CONHECEM LIMITES

Os pais que, geralmente, passam pouco tempo com seus filhos, ao estarem presentes fazem todas as suas vontades buscando compensar a ausência. Isto faz com que os filhos percam o acesso ao entendimento do que é o "não", passam a acreditar que somente o seu querer tem importância, e crescem sem saber administrar as situações de frustração, adversas às suas vontades ou que não estejam de acordo com suas expectativas. Assim, tornam-se pessoas difíceis de se conviver, por serem despreparadas para acolher as condições e situações do próximo.

ESTRUTURA FAMILIAR MODIFICADA

A estrutura familiar pai-mãe-filhos vem dividindo espaço com diversas configurações familiares resultando na necessidade de redefinições de papéis e reposicionamento social. Exemplos dessa realidade são as configurações de famílias com a figura do padrasto/madrasta que também é pai/mãe; os filhos que se dividem entre duas casas, incluindo os "meio-irmãos"; famílias em que a mãe cria sozinha os filhos; avós que moram com os filhos e netos; famílias pequenas com um único filho, dentre outras configurações que surgem em nossa sociedade. Estas transformações geram mudanças nas relações familiares e interpessoais, o que necessita maior empenho por parte de cada um em se posicionar nessa realidade cotidiana para conservar uma relação cooperativa e de laços de amor e respeito entre os membros da família.

Estes aspectos, dentre outros, nos fazem perceber o quanto é importante orientar essa geração de crianças e adolescentes que possuem muita informação e conhecimento, mas, nem sempre com condições de saber o que fazer com eles. Além disso, muitas vezes são carentes de amor, atenção, amigos e orientação para saber administrar o que veem e ouvem. Preparar as crianças e os adolescentes para o convívio social, ensinando os valores da fé, despertando-os para o sentimento altruísta e apresentando alternativas de práticas saudáveis e humanas é um desafio necessário que precisamos assumir.

RECEBEM INFLUÊNCIA DA TECNOLOGIA

A imposição da vida moderna tem permitido que as crianças e adolescentes passem grande parte do tempo sozinhos, em contato com dispositivos tecnológicos que permitem o acesso a uma quantidade muito elevada de informações. Com isso são "educadas", ou seja, crescem com a influência do que ouvem e veem pela televisão e internet, sem o devido filtro de reflexão. Assim, ficam a mercê da violência de jogos e exemplos de ausência de respeito, de empatia com seus semelhantes que sofrem, além da excessiva valorização do "ter". Isto os leva a encarar as atitudes negativas como normais e aceitáveis, aumentando consideravelmente o risco de que se tornem adultos egoístas e individualistas.

É preciso resgatar os valores fundamentais para formar bons cristãos e cidadãos, mostrando-lhes a importância do cuidado com o próximo e com a comunidade da qual fazem parte.

A alegria e facilidade em assimilar as informações que as crianças e adolescentes possuem facilita o entendimento sobre o que implica pertencer a uma comunidade eclesial e com ela comprometer-se. Assim, ao falar sobre o dízimo nos encontros de catequese, educa-se para a vida comunitária e para a prática da caridade, por meio de um processo em que constantemente se renova a prática do discipulado, ou seja, a alegria de crescer na comunhão com o Senhor e com os irmãos, externalizada e compartilhada concretamente.

Queremos que nossas crianças e adolescentes tornem-se:

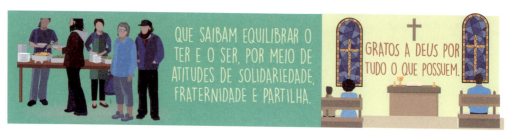

3.3 Como falar de dízimo aos catequizandos

É importante que, antes de falar do dízimo como gesto de partilha, seja apresentada a sua espiritualidade que transforma a comunhão com Deus em partilha com a comunidade. É a nossa fé, a nossa gratidão e o nosso amor a Deus que nos direciona para o desejo de partilhar.

Apresentar o tema dízimo aos catequizandos é simples, uma vez que neste ato de fé estão inseridos os valores amplamente abordados nos encontros de catequese. Vamos observar as palavras destacadas na definição de dízimo que podem ser exploradas no espaço catequético:

O dízimo é uma contribuição sistemática e periódica dos fiéis, por meio do qual cada comunidade assume corresponsavelmente sua sustentação e da Igreja. É uma forma concreta que o cristão tem de manifestar sua **FÉ** em Deus e seu **AMOR AO PRÓXIMO**, pois é por meio do dízimo que a Igreja se mantém em atividade, sustenta seus trabalhos de evangelização e realiza as obras de **CARIDADE** e assistência aos menos favorecidos. Dízimo é a demonstração de **GRATIDÃO** e reconhecimento a Deus por tudo o que recebemos. Dízimo é **PARTILHA** que gera **FRATERNIDADE**, **UNIÃO** e **SOLIDARIEDADE**. É o compromisso de fidelidade a Deus e a **CONSCIÊNCIA DE PERTENÇA** de cada cristão para com Deus e com a sua comunidade.

FÉ

AMOR AO PRÓXIMO

CARIDADE

GRATIDÃO

PARTILHA

FRATERNIDADE

UNIÃO
SOLIDARIEDADE

CONSCIÊNCIA DE PERTENÇA

A partir desta definição, o catequista poderá fazer a correlação dos temas abordados, e mesmo sem mencionar o termo "dízimo" nos primeiros encontros, é possível ajudar os catequizandos a entenderem seu conceito e importância para a comunidade, promovendo um diálogo sobre, por exemplo, partilha e corresponsabilidade.

Os encontros preparados especialmente para abordar o tema devem apresentar o dízimo, principalmente, como demonstração de fé, gratidão, partilha, amor e solidariedade. É fundamental que os catequizandos aprendam que esses são valores que o cristão deve praticar no dia a dia e, também que, ao tornar-se dizimista, a pessoa faz a experiência de sentir-se membro da Igreja efetivamente, ao contribuir para que as ações evangelizadoras que ela realiza se concretizem. Nesta perspectiva, entende-se que o dízimo é conteúdo da catequese, pois o catequizando iniciado no mistério da salvação é chamado e motivado a assumir a missão de ajudar a participar da dinâmica eclesial, colaborando para a promoção da solidariedade e de uma vida mais digna e gratificante para todos.

Vejamos algumas pistas que poderão nos ajudar a inserir o tema dízimo nos encontros de catequese.

DICAS PARA OS ENCONTROS SOBRE O DÍZIMO

* Apresentar o tema dízimo dentro do contexto bíblico.
* Destacar a importância da partilha e o desapego aos bens materiais e ao consumismo exagerado.
* Abordar os temas por meio de:
  * Dinâmicas.
  * Dramatizações.
  * Palavras cruzadas.
  * Histórias que informem com clareza sobre a importância do dízimo.
  * Concursos de redação.
  * Entrevistas com dizimistas, relatando sua experiência, caminhada, testemunho e perseverança.
  * Confecção de cartazes.
  * Palestras com membros da Pastoral do Dízimo.
  * Visitas: na paróquia, na secretaria paroquial, no Espaço do Dízimo.
* Organizar um mural com os benefícios e uso do dízimo na comunidade.
* Motivar as crianças e os adolescentes para que conheçam os trabalhos das pastorais e movimentos.

Ao compreender o dízimo e seu significado na vida de cada cristão e da comunidade, os catequizandos tornam-se multiplicadores e, portanto, missionários, pois, ao comentar em casa o que aprenderam, motivam a reflexão da família sobre a importância de participar ativamente, colaborando com a comunidade.

O tema dízimo, ao ser abordado na catequese, oportuniza a compreensão do gesto de fé e de gratidão que se transformam em evangelização. Nesse processo, o catequizando tem a oportunidade de reconhecer-se como agente ativo ao participar da vida comunitária, tanto nos momentos de celebração quanto por meio da partilha de bens que gera recursos para que a Igreja proclame a Boa-nova de Jesus Cristo com gestos concretos de promoção e defesa da vida por um mundo de paz e justiça.

Dica: ao tratar o tema do dízimo, o catequista poderá desenvolver encontros específicos ou, progressivamente, ao longo dos encontros, ir mencionando a sua relação com os fatos do Evangelho, do conteúdo catequético e com as atitudes esperadas de um cristão fiel e comprometido. Na página 57, encontram-se roteiros para inspirar esta possibilidade.

Dízimo Mirim

Dízimo Mirim ou diziminho é o projeto de implantação do sistema de contribuição para as crianças e adolescentes que, após conhecerem e compreenderem o significado do dízimo, demonstram espontaneamente o desejo de participar de forma concreta contribuindo com a comunidade. O objetivo do Projeto Dízimo Mirim é despertar as crianças e adolescentes para a compreensão da importância da partilha e o hábito de ser um dizimista fiel e responsável. Este processo exige planejamento e preparo para que seja uma experiência positiva e um gesto de fé.

4.1 Orientações para a implantação do Projeto Dízimo Mirim na paróquia

A implantação do Dízimo Mirim é um passo importante para que os catequizandos sintam na prática a experiência de ser dizimista e com isso passem a se reconhecer integrantes ativos da comunidade. Após ter percorrido o caminho referente ao tema dízimo durante os encontros, será possível perceber a predisposição em querer participar ativamente da comunidade.

O entendimento do verdadeiro sentido do dízimo, suas dimensões e finalidades, certamente levará as crianças e os adolescentes a se sentirem despertados a contribuir com o seu dízimo. Este será um resultado positivo do trabalho que está sendo realizado. Nessa fase é importante que todos os envolvidos como: familiares, responsáveis, Pastoral da Catequese, catequistas, pároco, Pastoral do Dízimo, se unam para implantar o Dízimo Mirim na paróquia. A implantação do Dízimo Mirim deve ser uma decisão em nível de paróquia. O catequista não poderá fazê-lo de forma individualizada (somente com a sua turma, por exemplo).

Algumas pessoas poderão questionar:

As crianças e adolescentes podem ser dizimistas?

Sim!

As crianças e adolescentes podem contribuir com o dízimo, desde que seja uma ação voluntária, sensibilizados pela necessidade deste gesto de fé.

Mas atenção, é preciso tomar alguns cuidados:

✳ O Dízimo Mirim não pode ser confundido com "caixinha da catequese". Os valores das contribuições dos catequizandos devem ser somados ao dízimo paroquial, fortalecendo, desta forma, a compreensão de sua participação ativa na comunidade.

✳ Não vincular o dízimo com campanha para arrecadar dinheiro. Tudo precisa ser preparado com cuidado, com o consentimento e acompanhamento do pároco e, somente após um caminho percorrido pelo catequista, junto aos catequizandos, de conhecimento aprofundado sobre o dízimo, é que se pode iniciar o trabalho de implantação do Dízimo Mirim. Em suma, é necessário, primeiramente, promover ao catequizando entender o sentido real do ato de contribuir como demonstração de fé, gratidão e de pertença à comunidade, para então implantar o Dízimo Mirim com eles.

✳ A contribuição deve ser voluntária. No grupo podem haver crianças ou adolescentes que, por ainda não compreenderem o dízimo, não estão preparadas para participar e sua decisão deve ser respeitada. Com o conhecimento e amadurecimento certamente entenderão e poderão voluntariamente participar no futuro.

✳ Não expor nomes em murais ou listas de dizimistas mirins, pois coloca os não dizimistas em situação de constrangimento ou pressionados a participar e esse não é o objetivo. O mais importante é a compreensão da criança e do adolescente da importância de participar.

✳ O valor de contribuição de cada catequizando não pode ser divulgado ou comentado, pois essas informações devem ser confidenciais.

Importante

O Dízimo Mirim não tem como objetivo a arrecadação de dinheiro e sim criar nas crianças e adolescentes a consciência da partilha e compromisso de contribuição para o sustento da obra de Deus.

4.2 Passos para a implantação do Dízimo Mirim

Para que o Dízimo Mirim seja um projeto que cumpra seus objetivos, é preciso respeitar algumas etapas que serão elencadas a seguir.

Organização e definições

O primeiro passo é definir as questões práticas para a implantação do Dízimo Mirim. Para isso, a coordenação da catequese, o pároco e o coordenador da Pastoral do Dízimo Paroquial precisam definir alguns pontos importantes:

a) Recebimento do dízimo

É preciso definir como será realizado o recebimento das contribuições dos catequizandos. Cada paróquia poderá optar pelo meio mais adequado à sua realidade. Vejamos alguns exemplos:

ENVELOPE

Este recurso é bastante utilizado pelas paróquias nas quais o Dízimo Mirim já está funcionando. A praticidade e baixo custo dos envelopes é um ponto positivo se levarmos em conta que muitas paróquias possuem um número expressivo de catequizandos. É importante personalizar os envelopes com o nome da paróquia e identificá-los como do Dízimo Mirim e espaço para o nome do catequizando.

Sugestões:
- Personalizar os envelopes de acordo com o *layout* aprovado pela coordenação de catequese e pelo pároco. Pode ser inserida a imagem do padroeiro ou outra imagem selecionada pela equipe.

- Preparar envelopes somente com a personalização do nome da paróquia e cada catequizando poderá desenhar no espaço indicado. Desta forma, cada envelope terá característica individual. Neste caso, o registro das contribuições poderá estar em uma ficha, dentro de cada envelope.

COFRINHO

É uma opção que as crianças menores gostam muito e podem ser utilizados modelos produzidos em gráfica com a personalização da paróquia. Os catequizandos também podem confeccionar os cofrinhos com materiais, como caixinhas, latas de refrigerantes ou outros recursos de acordo com a criatividade e com o auxílio do catequista.

b) Registro da contribuição

Ao iniciar o Projeto do Dízimo Mirim na paróquia, deve-se elaborar uma lista para o cadastro dos dizimistas mirins. Neste cadastro serão inseridos os dados como nome, endereço, nome da catequista e número do dizimista.

RECIBO

É necessário preparar os recibos que deverão ficar disponíveis nos locais em que os catequizandos irão entregar a contribuição. Com isso perceberão a seriedade do compromisso assumido.

CARTEIRINHA OU FICHA-REGISTRO

É uma opção muito prática de registro da contribuição dos catequizandos que pode substituir o recibo mensal. Cada catequizando receberá uma carteirinha com os meses do ano e cada contribuição é registrada no campo correspondente. O registro mensal poderá ser feito

no verso do envelope. O importante é o dizimista ter em mãos este controle para acompanhar os dados de cada mês.

c) Onde será realizado o recebimento do dízimo dos catequizandos

O recebimento das contribuições dos catequizandos pode ficar centralizado com a catequista, na secretaria paroquial ou no Espaço do Dízimo, mesmo local em que os demais dizimistas da paróquia fazem sua contribuição. É fundamental orientar os agentes de pastoral e atendente paroquial para que estejam preparados para receber os novos dizimistas. Se os familiares forem dizimistas, é interessante que façam a entrega juntos, conforme costume, para que o catequizando sinta-se valorizado e participante.

É importante estabelecer data aproximada para a contribuição, como por exemplo, na segunda semana do mês. Desta forma os catequizandos criam o hábito de sistematização da contribuição.

d) Acompanhamento e avaliação do Projeto do Dízimo Mirim

A coordenação da catequese deve ser a responsável pelo desenvolvimento do Projeto Dízimo Mirim, com o apoio dos catequistas, da Pastoral do Dízimo e do pároco. É importante que fique claro que o resultado independe dos valores financeiros arrecadados, mas do nível de compreensão e adesão dos catequizandos, bem como o cumprimento do compromisso que assumiram.

Após um período a partir do início do projeto é importante que se faça uma avaliação de todo o processo para que sejam apontadas as necessidades de ajustes.

Ao decidir implantar o Dízimo Mirim na paróquia é necessário envolver toda a comunidade no projeto. Para isso, o tema deverá ser exposto nas reuniões do Conselho Pastoral Paroquial (CPP), do Conselho de Assuntos Econômicos Paroquial (CAEP), dos Ministros da Eucaristia, dos coroinhas e das demais pastorais e movimentos da paróquia. A opção de aceitar dizimistas mirins que não estejam frequentando a catequese é uma questão importante e positiva. Para isto, precisa ser amplamente discutida e organizada, pois apesar de exigir algumas adaptações no projeto, é uma oportunidade de aproximar a criança ou o adolescente e suas famílias da Igreja.

Orientações práticas

As pessoas que estarão diretamente envolvidas no Projeto do Dízimo Mirim precisam receber as orientações específicas que irão nortear o desenvolvimento do projeto. Seguem sugestões:

Após a fase de organização é recomendado que a coordenação da catequese reúna-se com os catequistas. Sugere-se que esta reunião conte com a participação da Pastoral do Dízimo Paroquial, oferecendo aos catequistas oportunidade para que aprimorem os seus conhecimentos, esclareçam dúvidas sobre o dízimo e assim sintam-se motivados a participar com entusiasmo do Projeto Dízimo Mirim. Esta é, também, uma oportunidade para:

- Estudar, refletir e esclarecer dúvidas sobre o Dízimo Mirim.
- Inteirar-se do cronograma de implantação do projeto e de todo o seu desenvolvimento e acompanhamento.
- Conhecer os materiais que serão utilizados no projeto.
- Oferecer sugestões que venham a promover maior envolvimento dos catequizandos.

 O catequista não dizimista precisa refletir sobre a possibilidade de fazer a experiência de contribuir com o dízimo, pois não se pode pregar aquilo que não se pratica.

Nesta fase, os catequizandos já conhecem o tema dízimo, pois participaram dos encontros e das atividades. Eles já foram orientados para compreender sobre a importância e a necessidade da partilha, bem como o hábito de ser um dizimista responsável, feliz por fazer parte e colaborar com sua comunidade.

Este é o momento de colocar em prática e participar. É bom lembrar que os catequizandos deverão fazer a opção por ser dizimista mirim e não deve ser uma imposição.

Valor da contribuição

Ao orientar os catequizandos sobre o valor mensal a contribuir, deve-se destacar que não há um valor definido, pois a quantia é uma decisão pessoal. O essencial é que os catequizandos entendam que estão assumindo um compromisso com a comunidade e que a partir de sua primeira contribuição, esta fará parte do desenvolvimento de atividades existentes e novas que podem surgir. Para melhor compreensão, explorar a frase de São Paulo: *"Que cada um dê conforme tiver decidido em seu coração, sem pesar nem constrangimento, pois Deus ama a quem dá com alegria"* (2Cor 9,7).

É importante lembrar que não devemos dar as sobras ou restos, mas retirar uma parte que envolva dedicação e desapego para contribuir, ou que nos prive de algum benefício: um chocolate, um lanche, um sorvete... e que cada um pode ir guardando durante o mês. Na semana indicada pelo catequista, cada catequizando levará a quantia que conseguiu reservar para sua contribuição, que será recebida e adicionada às contribuições da paróquia e aplicada conforme o planejamento paroquial.

É importante orientar os catequizandos que, mesmo no período de férias da catequese, o seu compromisso de contribuir com o dízimo deve continuar, pois as atividades da sua comunidade não param de acontecer nestes períodos.

FAMÍLIA

Quando o Projeto do Dízimo Mirim estiver organizado, é fundamental agendar uma reunião com os pais ou responsáveis.

Até alguns anos atrás pouco era falado sobre o dízimo. Por isso, de modo geral, as pessoas possuem pouco conhecimento sobre o assunto, ou ainda tem uma interpretação equivocada sobre o sentido da contribuição do dízimo. Por isso, é importante que as famílias recebam uma breve formação explicando o conceito, as finalidades, a fundamentação bíblica e a importância do sentimento de gratidão e de pertença que a contribuição do dízimo proporciona ao fiel dizimista.

Ao explicar a implantação do Projeto Dízimo Mirim, é importante destacar que o principal objetivo é o de ensinar aos catequizandos sobre a importância da partilha, do cuidado com o próximo e com a comunidade da qual fazem parte, libertando-se do egoísmo e da cultura materialista para se tornarem bons cristãos e cidadãos.

Na reunião com os pais ou responsáveis sugere-se também refletir sobre assuntos importantes para o desenvolvimento dos catequizandos e solicitar o apoio e a participação das famílias. Seguem alguns exemplos de assuntos a serem abordados:

✳ Família: participar é fundamental

Os pais ou responsáveis pelos catequizandos são os principais influenciadores na sua vida espiritual e o apoio e a participação de todos é fundamental para que cresçam na fé e no amor.

✳ Aprende-se pelo exemplo

Com o exemplo os catequizandos aprendem muito mais do que ouvindo conselhos e lições. Por isso é fundamental que a família participe ativamente da sua vida, autenticando, desta forma, tudo o que a catequista ensina e orienta. Para tanto, é importante que os ensinamentos que o catequizando recebe na catequese sejam entendidos e tornem-se parte de sua vida e da família, ou seja, é preciso que sejam vivenciados em casa.

✳ Falar sobre Deus

A família precisa conversar sobre Deus. Os pais ou responsáveis devem mostrar aos catequizandos as maravilhas que Deus realiza diariamente em suas vidas e demonstrar gratidão por tudo o que recebem de Deus todos os dias. A gratidão é transformadora, ilumina a vida, o dia a dia. Por isso, é preciso ter um coração agradecido e [...] em tudo dar graças a Deus (cf. 1Ts 5,16-18).

✳ Ler a Bíblia em família

Ensinar às crianças e aos adolescentes o amor e o respeito pela Palavra de Deus é tarefa da família. Para isso é necessário ter como hábito ler a Bíblia juntos, sendo esta uma atitude constante e planejada que a fortalecerá na união ao ser guiada pela Palavra de Deus.

✳ Participar das celebrações

Os pais ou responsáveis precisam incentivar e acompanhar os catequizandos nas celebrações e em outras atividades da Igreja. Quando o catequizando cresce em uma família que ama e serve ao Senhor, aprende desde cedo a importância de estar perto de Deus e ajudar os seus semelhantes.

✶ Rezar em família

O catequizando que vê seus pais rezarem, também irá rezar naturalmente. Cultivar o amor, a paz, a caridade e a humildade é dever da família cristã; e a oração é a chave da graça divina e o caminho da evangelização.

> Não reze apenas POR seu filho, mas COM o seu filho.

A família tem a missão de ensinar os filhos a orar e descobrir sua vocação de filhos de Deus (cf. CIgC, n. 2226).

AGENTES DA PASTORAL DO DÍZIMO E ATENDENTES PAROQUIAIS

Para que o Projeto do Dízimo Mirim funcione bem na questão da organização, é necessário preparar as pessoas que irão receber os pequenos dizimistas.

Recomenda-se realizar uma reunião com os agentes da Pastoral do Dízimo que atuam no "Espaço do Dízimo" e também com os atendentes paroquiais, explicando e orientando como será o recebimento do dízimo das crianças e dos adolescentes. Se possível, nesta reunião, ter em mãos os materiais que serão utilizados para recebimento e registro das contribuições.

Roteiros de encontros

Para inspirar o desenvolvimento do tema dízimo na catequese serão apresentados na sequência roteiros para os catequizandos que se preparam para receber os Sacramentos da Eucaristia e da Crisma, além de orientações para apresentar o dízimo na Iniciação à Vida Cristã de adultos. Os roteiros podem ser desenvolvidos na íntegra ou apropriar-se de partes, a serem trabalhadas no decorrer do período catequético.

ENCONTRO 1
Dízimo, a gratidão se transforma em partilha

OBJETIVOS

* Reconhecer que tudo o que temos é presente de Deus.
* Compreender que partilhar é uma forma de ser agradecido a Deus.

MATERIAIS

* Bíblia.
* Caixa de presente com a palavra GRATIDÃO.
* Tiras de papel com tamanho aproximado de 4 x 8cm.

CONVERSANDO SOBRE O TEMA

* Acolher os catequizandos com alegria e entusiasmo.
* Comentar que neste encontro iremos refletir sobre todas as bênçãos que recebemos de Deus todos os dias como presente do Pai que nos ama.
* Apresentar a caixa de presente com a palavra GRATIDÃO e motivar os catequizandos a refletirem de que forma podemos dizer a Deus: "Muito obrigado(a)!"
* Orientar para que prestem bastante atenção na história que irá contar.

Deus nos dá muitos presentes

Laura é uma menina muito esperta e curiosa. Ela mora com sua mãe e seu irmão mais velho. No dia do seu aniversário de 8 anos, a avó chegou logo cedo na casa de Laura para passar o dia com a família e ajudar a mãe a preparar um bolo de aniversário. A mãe e a avó passaram bastante tempo conversando e ocupadas na cozinha. Laura observava tudo atenta e, curiosa com a conversa, perguntou para a avó:

_ Vovó, por que sempre que a mamãe pergunta alguma coisa, a senhora responde começando com: "Graças a Deus"? Hoje quando chegou aqui e a mamãe perguntou se estava tudo bem a senhora respondeu: Graças a Deus estou muito bem! E agora para contar que a tia Lu conseguiu emprego a senhora disse: "Graças a Deus conseguiu!"

A avó olhou para ela e respondeu carinhosamente:

_ Querida, tudo o que nós temos e tudo o que somos nós recebemos de Deus. Cada dia Deus nos dá presentes lindos porque Ele nos ama. O que temos de bom é graça de Deus: a vida, a saúde, a família, nossos bens, o trabalho, a natureza...

_ Até meu bolo de aniversário? Mas foi a mamãe quem fez!

_ Sim, o seu bolo de aniversário também é um presente de Deus. Sua mãe o preparou e você deve agradecer a ela por esse gesto de carinho e amor, mas para que você tivesse seu bolo, Deus deu a inteligência e saúde para sua mãe trabalhar e adquirir os ingredientes necessários para a receita do bolo. Além disso, um dos principais ingredientes do bolo é o trigo, que para crescer precisa do sol, da chuva e do cuidado do agricultor, e tudo foi criado por Deus.

_ Entendi vovó. Como Deus é bom! Respondeu Laura admirada.

Quando chegou a hora de cortar o bolo, a avó de Laura lhe entregou um pacote de presente. Ao abrir, Laura gritou de alegria:

_ Vovó, são meus chocolates preferidos. Vou guardar no meu quarto para comer depois. Muito obrigada! Nem sei como lhe agradecer!

_ Vou lhe dizer como poderá me agradecer querida! – Falou a avó apontando para o irmão de Laura que estava próximo a elas. – Gostaria que você partilhasse com seu irmão os chocolates. O presente é seu, mas você pode lhe oferecer alguns, e isso me deixará muito feliz, pois eu amo vocês dois.

Laura atendeu a sugestão da avó e partilhou com o irmão os chocolates. À noite, antes de dormir, a menina ficou pensando: Se minha avó ficou feliz porque partilhei meu presente com meu irmão, então Deus, que me dá muitos presentes, também ficará feliz se eu partilhar alguma coisa que tenho com outras pessoas, pois Ele ama a todos. Mas como eu poderei fazer isto?

> Na manhã seguinte, Laura conversou com sua mãe que lhe explicou que para demonstrar gratidão a Deus por tantas coisas boas que eles recebem, ela partilha um pouco do que tem na comunidade da qual fazem parte por meio do dízimo, que é um ato de louvor e gratidão a Deus.

- Após a leitura da história incentivar os catequizandos a pensar sobre a história que acabaram de ouvir.
- Distribuir os papéis aos catequizandos motivando-os a participar da atividade a seguir.

ATIVIDADE

- Laura tinha muitos motivos para agradecer a Deus. E você, que motivos tem para ser grato a Deus? Escreva os seus motivos de gratidão nos papéis que receberam.
- Convidar cada catequizando a ler o que escreveu e depositar dentro da caixa da gratidão.
- Questionar os catequizandos:
  * Qual foi a atitude de Laura que deixou a avó feliz?
  * Como a mãe de Laura demonstra a gratidão a Deus?

 REFLETINDO SOBRE O TEMA

Tudo o que temos recebemos diretamente de Deus ou vem dele por meio de outras pessoas. Quando reconhecemos que Deus nos dá tantas coisas boas e belas sentimos a necessidade de retribuir tanto amor. Uma das formas de dizer "Muito obrigado(a) meu Deus" é participando ativamente em nossa comunidade.

  * Como podemos participar ativamente da nossa comunidade? (Comentar sobre as diversas pastorais e movimentos da paróquia.)
  * Você já ouviu falar sobre dízimo?
  * Sua família é dizimista?
  * Você sabe como está organizado o dízimo em sua paróquia?
- O catequista poderá apresentar o coração que simboliza o dízimo e a Pastoral do Dízimo: neste caso, o coração representa o amor, que unido à espiritualidade, abriga os sentimentos que permitem aproximação das pessoas com Deus e com os irmãos. As quatro partes referem-se às dimensões do dízimo (Religiosa, Eclesial, Missionária e Caritativa), que representam onde o dízimo está inserido na Igreja e

de que maneira ele viabiliza a evangelização. No centro do coração está a cruz, símbolo maior da nossa fé e da vitória de Jesus Cristo sobre a morte e o pecado.

PALAVRA DE DEUS

- Leitura: At 4,34-35

REFLETINDO SOBRE A PALAVRA DE DEUS

- Conversar sobre o texto bíblico, explicando como viviam os primeiros cristãos.
- Comentar: Jesus nos ensina a partilhar e viver os seus ensinamentos nos aproxima dele. A partilha dos dons e dos bens com os irmãos deve ser praticada no dia a dia pelos cristãos. Na vida comunitária podemos partilhar os dons que recebemos de Deus colocando-nos a serviço da Igreja, participando de grupos, movimentos e pastorais; e podemos partilhar parte dos bens que recebemos, contribuindo com o nosso dízimo, para que a Igreja tenha recursos para realizar a sua missão de evangelizar.

ORAÇÃO

- Colocar a caixa de presente em local de destaque e motivar os catequizandos para que façam silêncio e pensem nas palavras que escreveram nos papéis.
- Convidar os catequizandos para a oração como forma de agradecimento por tudo o que Deus dá a cada um.

Senhor, o que tenho de bom recebi de ti: a vida, a família, os amigos, o amor, a saúde. Obrigado por tua bondade. Liberta-me do egoísmo e ensina-me a partilhar com generosidade e justiça. Quero fazer parte do teu povo e testemunhar o teu amor. Amém!

CONVERSANDO EM CASA

- Orientar os catequizandos para que comentem em casa sobre o tema deste encontro, escrevendo uma lista de motivos que a família tem para agradecer a Deus e fazer uma oração de agradecimento por tudo o que recebem de Deus.
- Motivar os catequizandos a dialogarem em casa, procurando saber como a família participa da comunidade:
  * Participam de algum movimento ou pastoral?
  * A família é dizimista?

ENCONTRO 2

O dízimo
me faz missionário

OBJETIVOS

* Identificar-se como membro da comunidade.
* Perceber que a Igreja tem suas necessidades materiais e todos são responsáveis por ela.
* Compreender que os recursos obtidos com o dízimo são utilizados para que a Igreja cumpra sua missão de evangelizar.

MATERIAIS

* Bíblia.
* Folhas de papel sulfite.
* Lápis de cor.

CONVERSANDO SOBRE O TEMA

➤ Receber os catequizandos, acolhendo-os com alegria e entusiasmo.

ATIVIDADE

➤ Orientar os catequizandos para a atividade que no primeiro momento será de observação.

➤ O catequista acompanha os catequizandos até a igreja. Ainda do lado de fora, mostrar a estrutura que a paróquia possui: pátio, estacionamento, banheiros, casa paroquial, secretaria paroquial, enfim, toda a estrutura física da paróquia. No interior da igreja, convidar os catequizandos para que observem, em silêncio, a beleza do Templo de Deus. Os detalhes da pintura, os objetos como velas, luminárias, bancos, flores, toalhas, os equipamentos de som, o piso.

➤ Motivar os catequizandos a observarem os cuidados que são tomados para que tudo esteja bonito para as celebrações como a limpeza, a troca das flores, a manutenção dos equipamentos. No retorno para a sala de catequese, orientar que observem o prédio onde está a sala de catequese, sua estrutura como banheiros, secretaria, as salas, os materiais que estão disponíveis para os encontros.

- Orientar os catequizandos para que voltem a seus lugares e, de olhos fechados, visualizem mentalmente tudo o que observaram.
- Entregar as folhas de papel sulfite e disponibilizar lápis de cor, solicitando para que escrevam na folha o nome da paróquia e em seguida cada um desenhe o que mais lhe chamou a atenção em tudo o que observou durante a visita que realizaram.
- Após concluírem a atividade, motivar os catequizandos para que cada um mostre o seu desenho para os colegas e compartilhe o que mais atraiu a sua atenção.
- Fixar os desenhos em local de destaque, previamente preparado para a atividade.

REFLETINDO SOBRE O TEMA

Todos os desenhos expressam uma pequena parte do que temos em nossa paróquia que é muito bonita e acolhedora. Somos uma grande família e por isso somos responsáveis pela manutenção e pelos cuidados de tudo o que há ou precisa ser realizado em nossa comunidade, em nossa paróquia. Tudo o que foi observado é da responsabilidade de todos e são necessários recursos para manter toda esta estrutura .

- Motivar os catequizandos a elencarem as despesas que fazem parte da estrutura da paróquia, como por exemplo, as despesas com energia elétrica, água, telefone, salário dos funcionários...

É necessário também garantir que tudo esteja organizado para as celebrações: as velas, as toalhas, os cálices, as hóstias, o vinho, os microfones.

A Igreja também precisa de recursos para realizar as ações missionárias e de caridade, destinando recursos para ajudar as Igrejas-irmãs que não conseguem se manter sozinhas e enviando missionários para trabalhos pastorais nas periferias, nos hospitais, nas escolas, enfim, onde houver necessidade, levando os ensinamentos do Evangelho e oferecendo ajuda como alimentos, roupas, remédios, para que todos vivam com dignidade.

Mas como a Igreja consegue realizar tudo isso?

Os recursos financeiros que a Igreja utiliza para cumprir tudo isto que comentamos, além de muitas outras ações são provenientes das contribuições do dízimo e das ofertas.

Os membros da comunidade contribuem para que a paróquia consiga se manter e aplicar os recursos de acordo com o planejamento e projetos organizados pelo Conselho de Pastoral Paroquial (CPP) e Conselho de Assuntos Econômicos Paroquial (CAEP). O dízimo e as ofertas promovem e viabilizam o anúncio do Evangelho em nossa paróquia e em outros lugares onde realizam-se as ações missionárias e de caridade.

 **PALAVRA DE DEUS**

⚘ Leitura: Mc 16,15

 REFLETINDO SOBRE A PALAVRA DE DEUS

⚘ Motivar os catequizandos a refletirem sobre as questões a seguir:
* O que este texto bíblico nos diz?
* Qual foi a ordem que Jesus deixou a seus discípulos e a nós?
* Como podemos cumprir este chamado?

Jesus passou sua vida ensinando a andarmos no caminho do bem e a sermos seus discípulos. Por isso, quando somos batizados, passamos a fazer parte da família-Igreja e nossa missão é anunciar o Evangelho. Somos missionários quando testemunhamos nossa fé com a nossa vida na família, na escola, na catequese, na comunidade. Contribuindo com o dízimo, ajudamos a Igreja a cumprir a missão de evangelizar; portanto, quem é dizimista é também um missionário.

 ORAÇÃO

⚘ Orientar para que façam silêncio.

⚘ Iniciar a oração dizendo: Peçamos a Deus que nos ajude a sermos discípulos de Jesus e missionários da sua Palavra.

⚘ Solicitar que repitam:

Senhor, quero ser instrumento do vosso amor e da vossa paz. Ensinai-me a seguir o caminho do bem, anunciando a vossa Palavra pelo testemunho da minha vida. Fazei brotar em meu coração a generosidade para que eu possa ser instrumento de amor e fé. Amém!

 CONVERSANDO EM CASA

⚘ Motivar os catequizandos para que comentem em casa sobre o que aprenderam neste encontro.

⚘ Orientá-los para que perguntem se os familiares conhecem alguma pessoa ou família que precisa de ajuda por estar passando grande dificuldade. Se possível trazer as informações como nome e endereço no próximo encontro.

Deus ama
quem dá com alegria!

ENCONTRO 3

OBJETIVO

* Reconhecer que participar da vida comunitária por meio do dízimo e das ofertas tem como resultado a alegria de fazer parte da família de Deus, a Igreja.

MATERIAIS

* Bíblia.
* Papéis recortados no formato de coração.
* Papel picado.
* Um círculo de papel de 30cm de diâmetro com a palavra COMUNIDADE ao centro.
* Cola.

CONVERSANDO SOBRE O TEMA

- Acolher os catequizandos com alegria e distribuir um coração de papel para cada um.
- Solicitar para que cada um escreva o seu nome no centro do coração.
- Comentar sobre o tema do encontro, informando que iremos falar sobre o dízimo e as ofertas e como podemos participar contribuindo com a comunidade e suas ações.

ATIVIDADE

- Distribuir os papéis picados aos catequizandos, mas tendo o cuidado para que alguns recebam uma quantidade maior do que os outros. É importante essa diferença para a conclusão da atividade.
- Orientar os catequizandos para que observem os materiais que receberam. Explicar que deverão colar os papéis picados no coração, mas antes de iniciarem a colagem cada um irá retirar uma parte dos papéis picados, deixando-os separados dos demais. A quantidade de papéis que irão separar é uma decisão individual. Será uma quantidade que cada um poderá dispor sem que seu trabalho de colagem

seja prejudicado. Em seguida, deverão fazer a colagem no coração e aguardar até todos concluírem.

- Colocar o círculo branco com a palavra COMUNIDADE em algum espaço da sala, de modo que fique bem visível a todos.

- Solicitar para que, um de cada vez, cole livremente os papéis picados que haviam reservado, dentro do círculo ao redor da palavra comunidade. Após todos concluírem, motivar os catequizandos a refletirem:
  * Quantos papéis picados cada um recebeu? Todos receberam a mesma quantidade de papéis?
  * Como foi a decisão de separar uma quantidade de papéis? O que pensaram? Todos separaram da mesma forma?

- Comentar:
  * Agora observem o círculo. Ele estava vazio e precisou da participação de todos para ficar desta forma bonita e colorida. O círculo representa nossa comunidade. Ela também precisa da contribuição de todos para obter os recursos de que necessita para se manter. Os papéis picados representam nossos bens. Quando partilhamos um pouco do que possuímos com a comunidade, deixamos de lado o orgulho, o egoísmo e passamos a pensar no bem comum, na partilha. O valor a contribuir é decisão de cada um. Algumas pessoas têm mais recursos e podem contribuir com mais. Outras pessoas têm menos recursos e contribuem com menos.

- Orientar para que colem os corações em torno do círculo para representar que todos fazem parte da comunidade.

- Motivar a observação do resultado final.

 REFLETINDO SOBRE O TEMA

Todos fazem parte da comunidade e todos participaram contribuindo com a quantidade de papéis que decidiram. Em nossa vida comunitária também é desta forma; isto é, quando todos participam, a comunidade consegue os recursos de que precisa para a manutenção da estrutura e para realizar os projetos missionários e de caridade.

Vocês perceberam como é importante a participação de todos para que a comunidade consiga concretizar suas ações pastorais e missionárias? O mais importante é a participação de cada um e não a quantia da contribuição.

PALAVRA DE DEUS

❧ Leitura: 2Cor 9,7

REFLETINDO SOBRE A PALAVRA DE DEUS

São Paulo nos ensina que cada um é chamado a participar da comunidade e que é livre para decidir o valor com o qual irá contribuir, dependendo do que lhe é possível e da sua livre opção. O importante é sentir-se feliz com a contribuição e não sentir este gesto apenas como uma obrigação.

O ato de contribuir com o dízimo e com as ofertas favorece o sentimento de pertencer à família do povo de Deus. A partilha transforma-se em evangelização e a comunidade torna-se um ambiente de solidariedade, fraternidade, comunhão e amor.

❧ Apresentar aos catequizandos a diferença entre dízimo e ofertas.

> O DÍZIMO é um compromisso que o fiel assume em sua paróquia; isto é, na paróquia na qual, por exemplo, recebe os sacramentos, frequenta a catequese.

> A OFERTA é um gesto espontâneo na qual cada fiel oferece a Deus como gratidão no momento litúrgico do ofertório na paróquia na qual estiver participando da missa.

ORAÇÃO

❧ Convidar os catequizandos a ficar em silêncio para conversar com Deus e depois repetir juntos a oração:

> *Obrigado Senhor, por confiar em mim para contribuir com teu Reino. Ajuda-me a assumir o compromisso de dizimista de forma consciente e responsável. Que eu aprenda a partilhar com generosidade e alegria e que meu dízimo seja um gesto de amor e gratidão. Amém!*

CONVERSANDO EM CASA

❧ Orientar os catequizandos para que conversem em casa sobre o tema do encontro, contando sobre a atividade e a importância de participar da comunidade.

Dízimo, fé e obras

OBJETIVOS

* Compreender que a fé e as ações práticas de amor ao próximo e de caridade caminham juntas.
* Compreender o dízimo como meio de praticar a caridade e o amor ao próximo.

MATERIAIS

* Bíblia.
* Papel *kraft* ou cartolina.

CONVERSANDO SOBRE O TEMA

- Acolher os catequizandos com alegria. Pode preparar um canto alegre para iniciar o encontro.
- Motivar a refletir sobre a fé:
    * O que é a fé?
    * Como demonstramos a nossa fé?
- Comentar: A nossa fé deve ser demonstrada com obras que beneficiam o próximo e glorificam a Deus. De nada adianta afirmar que tem fé e ser indiferente ao irmão que sofre. Muitas vezes nos vemos diante de situações com as quais deveríamos ter uma reação de verdadeiros cristãos, demonstrando pelas nossas atitudes a fé que professamos, mas preferimos continuar o nosso caminho, preocupados apenas com a nossa vida. Isto constatamos quando negamos ajudar alguém ou atender ao pedido de alguém que precisa de nosso apoio ou de uma palavra de conforto e esperança.
- Neste momento pode-se utilizar alguma notícia ou história atual em que alguém negou ajuda a quem precisava para ilustrar o comentário.
- Questionar:
    * Alguém já passou por alguma situação como esta? Como se sentiu?
    * Esta é uma situação que nos faz observar a ausência de caridade, da misericórdia e do amor ao próximo. Por isso, como cristãos precisamos estar atentos para agir cuidando uns dos outros. Isto não é fácil nos dias atuais, mas é o nosso desafio e nossa missão de cristãos.

 **ATIVIDADE**

- Organizar grupos e orientar os catequizandos para que conversem e contem algum fato que vivenciaram ou que observaram de pessoas que se mostraram indiferentes a situações em que poderiam ter ajudado o próximo. Em seguida o grupo irá escolher uma destas histórias e preparar uma dramatização, que será apresentada da seguinte forma:
    * Dramatizar a cena da maneira como ocorreu.
    * Dramatizar a mesma cena com as atitudes que seu grupo acha que deveriam ter sido tomadas.
- Determinar o tempo que os grupos terão para se prepararem. A seguir, cada grupo apresenta sua dramatização nas duas versões da cena.

 REFLETINDO SOBRE O TEMA

- Comentar: Nas histórias dramatizadas foi possível observar que nossas atitudes precisam estar de acordo com a nossa fé, para que possamos seguir o caminho que Jesus nos ensinou a viver.
- Permitir que os grupos conversem e expressem suas opiniões sobre as histórias dramatizadas.
- Após as apresentações e comentários, convidar os catequizandos para ouvirem a leitura bíblica.

 PALAVRA DE DEUS

- Leitura: Lc 10,27-37

 REFLETINDO SOBRE A PALAVRA DE DEUS

Com a Parábola do Bom Samaritano, Jesus explica que amar o próximo é uma questão prática, é o amor em ação. Não adianta falar palavras bonitas ou dizer que ama o próximo e não ajudar quando alguém precisa de nós e o podemos ajudar. No texto, o sacerdote e o levita eram pessoas religiosamente preparadas, deveriam ser os primeiros a se preocuparem em atender ao viajante ferido, no entanto, seguiram o caminho sem olhar para trás. O samaritano agiu de maneira diferente, teve compaixão pelo pobre homem ferido e o ajudou. Com essa parábola Jesus nos ensina que são necessárias ações práticas para que realmente possamos viver o amor fraterno. O amor ao próximo se faz com palavras, mas essencialmente com atitudes.

Mas quem é o nosso próximo?

O nosso próximo é quem está por perto e não apenas aqueles de quem gostamos. Por isso precisamos estar atentos e deixar de lado a indiferença e o egoísmo. Um dos modos para praticar o amor ao próximo é a partilha dos bens e do tempo.

A Igreja realiza muitas ações de caridade, atendendo as necessidades urgentes dos pobres como roupas, alimentos e remédios; e a promoção humana, oferecendo formações para que as pessoas consigam se sustentar e recuperar a dignidade. Ao contribuir com dízimo e com as ofertas, cada um participa das ações de caridade e amor ao próximo, e colabora na construção de uma nova sociedade baseada na fraternidade pela comunhão de bens, para que não haja necessitados.

ORAÇÃO

- Orientar para que, coletivamente, preparem uma oração, que poderá ser escrita em papel *kraft* ou cartolina.
- Motivar o silêncio e a reflexão: Como foram minhas atitudes até hoje e em que preciso melhorar?
- Convidar a formarem um círculo em torno da mesa com a Bíblia e rezarem juntos a oração que escreveram.

CONVERSANDO EM CASA

- Orientar os catequizandos para que conversem em casa sobre viver a fé e a prática do amor fraterno.
- Sugerir que anotem os pontos principais da conversa com os familiares para apresentar no próximo encontro de catequese.

ENCONTRO 5

Dízimo,
demonstração de amor a Deus e ao próximo

OBJETIVO

* Reconhecer a importância do dízimo como demonstração de amor a Deus.

MATERIAIS

* Bíblia.
* Revistas para recorte.
* Tesouras.
* Cola.
* Papel *kraft* ou cartolinas.

CONVERSANDO SOBRE O TEMA

- Acolher os catequizandos com alegria e comentar que neste encontro a reflexão será sobre o ato de contribuir com o dízimo e como este gesto está diretamente relacionado à nossa vida de cristão e de membro da comunidade-Igreja.

REFLETINDO SOBRE O TEMA

Tudo o que temos, desde nossa vida, nossos dons foi Deus quem nos deu. Os bens que conquistamos são fruto do uso dos dons que Ele nos concedeu, mas isto só tem valor quando o amor de Deus habita em nossa vida e somos gratos a Ele. O dízimo, quando praticado como gesto de fé, de amor e de gratidão a Deus, é uma forma de retribuir todo amor e bondade e dizer: "Obrigado Senhor, pois se tenho algo é porque me deste!" Este gesto de fé se transforma em amor ao próximo, pois nos liberta do egoísmo pela prática da partilha.

ATIVIDADE

- Dividir os catequizandos em grupos, orientando para que cada grupo confeccione um cartaz que represente o significado da frase:

"TESTEMUNHAMOS O NOSSO AMOR A DEUS NA MANEIRA COMO TRATAMOS NOSSOS IRMÃOS".

- Aguardar a conclusão da atividade e cada grupo deverá falar sobre o cartaz. Expor os cartazes em local apropriado.

 **PALAVRA DE DEUS**

Leituras: Gn 14,17-20 e Mt 23,23

 REFLETINDO SOBRE A PALAVRA DE DEUS

No texto de Gênesis percebemos que o dízimo, como demonstração de fé e de gratidão a Deus, está presente na história desde o tempo de Abraão, pai da nossa fé.

No texto de Mateus percebemos que Jesus condena aqueles que contribuem com o dízimo, mas não vivem de acordo com seus ensinamentos. O cristão precisa acreditar naquilo que professa, isto é, demonstrar sua fé por meio do testemunho e de ações. Ao assumir o compromisso de contribuir com o dízimo o cristão aproxima-se ainda mais de Deus e colabora com o seu Reino de amor, fé, justiça e fraternidade. Contribuir com o dízimo não é apenas um modo de sentir que já está cumprindo a sua obrigação sem se preocupar com as atitudes do dia a dia em casa, na rua, no colégio ou no trabalho. O "ser cristão" vem antes da contribuição. Ser dizimista e não se importar em praticar a justiça, a misericórdia e a fidelidade é hipocrisia.

Comentar sobre as obras de misericórdia (cf. CIgC, n. 2447): São ações pelas quais ajudamos o próximo e pode ser quanto às necessidades corporais (dar comida a quem tem fome, abrigo a quem não tem teto, vestir os nus, visitar os doentes e os encarcerados, sepultar os mortos) ou espirituais (consolar, confortar, aconselhar, instruir).

Portanto, esta reflexão nos leva a concluir que o dízimo atende aos dois maiores mandamentos de Jesus Cristo: **Amar a Deus e ao próximo**, pois o ato de contribuir com o dízimo nos aproxima de Deus e nos oferece condições para prestar nosso culto a Ele uma vez que parte dos recursos são destinados para a manutenção do espaço celebrativo e toda a sua infraestrutura da paróquia; o dízimo é também uma demonstração de amor ao próximo porque ele possibilita que a Igreja realize muitas ações em prol dos que necessitam. Sem esta prática, o dízimo perde seu sentido eclesial e passa a representar apenas mais uma taxa a ser paga.

 ORAÇÃO

Convidar os catequizandos a bendizer ao Senhor com a oração (cf. 1Cor 29,10-13):

Sede bendito para todo o sempre, Senhor Deus de nosso pai Israel! A vós, Senhor, a grandeza, o poder, a honra, a majestade e a glória, porque tudo que está no céu e na terra vos pertence. E é vossa mão que tem o poder de dar a todas as coisas grandeza e solidez. Nós vos louvamos e celebramos vosso nome glorioso. Amém!

 CONVERSANDO EM CASA

Orientar os catequizandos para que conversem com os familiares sobre o tema do encontro.

Este encontro foi preparado para ser realizado com os catequizandos antes da implantação do Projeto Dízimo Mirim. Para isso, o catequista precisa ter as informações práticas de como será desenvolvido o projeto e os materiais que serão utilizados.

ENCONTRO 6

Dízimo Mirim
Participar para aprender

OBJETIVOS

* Entender o que é o Projeto do Dízimo Mirim.
* Refletir sobre a opção de participar do projeto tornando-se um dizimista mirim.

MATERIAIS

* Bíblia.
* Envelopes e outros materiais que serão utilizados na implantação do Dízimo Mirim.
* Letras recortadas para formar as palavras abaixo.

DÍZIMO	FÉ	UNIÃO
PARTILHA	COMUNIDADE	FRATERNIDADE
AMOR	COMPROMISSO	CARIDADE
GRATIDÃO	OFERTA	GRATIDÃO

> Dispor as cadeiras de maneira que forme um círculo com um espaço grande no centro.

CONVERSANDO SOBRE O TEMA

> Acolher os catequizando com alegria. Preparar um canto sobre partilha, para iniciar o encontro.
> Motivá-los a falar sobre o que entenderam sobre o dízimo nos encontros anteriores.

ATIVIDADE

> Separar as letras que formam a palavra COMUNIDADE.
> Distribuir as demais letras aleatoriamente aos catequizandos. Dividir todas as letras entre eles.
> Formar a palavra COMUNIDADE no centro da sala.

- Distribuir as letras que formam as palavras DÍZIMO, PARTILHA, AMOR, GRATIDÃO, FÉ, COMPROMISSO, OFERTA, UNIÃO, FRATERNIDADE, CARIDADE, GRATIDÃO, dividindo-as, aleatoriamente, entre os catequizandos.
- Explicar aos catequizandos que serão apresentadas frases e eles irão descobrir palavras usando as letras que receberam para completar sete frases sobre o dízimo. O catequista lhes apresentará pistas para que possam formar palavras, iniciando com a primeira letra da palavra COMUNIDADE.
- Apresentar a primeira frase escrita em papel *kraf*, solicitando que os catequizandos expressem suas opiniões dizendo qual palavra é adequada para completar a frase e que inicia com a letra C. Quando acertarem a resposta, os catequizandos que estão com as letras corretas montam a palavra como um acróstico e um dos catequizandos completa a frase escrevendo-a no espaço correspondente. Repetir até que todas as frases estejam completas.

1. O dízimo é um COMPROMISSO que assumo com a comunidade.
2. Além do dízimo, também posso contribuir com a OFERTA na hora da missa.
3. O cristão deve, por meio de ações, demonstrar AMOR ao próximo.
4. A UNIÃO de todos os membros da comunidade a torna mais forte.
5. A FRATERNIDADE é o resultado da PARTILHA dos bens por meio do dízimo.
6. Os recursos do DÍZIMO permitem que a Igreja realize obras de CARIDADE e assistência aos pobres.
7. Com o dízimo o fiel demonstra sua GRATIDÃO a Deus e a sua FÉ.

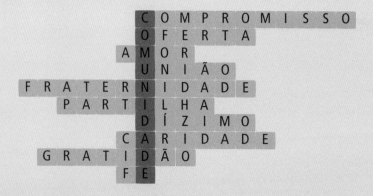

- Convidar os catequizandos para que façam a leitura das frases completas e que comentem sobre o que entenderam sobre cada frase.
- Motivar os catequizandos a observar o acróstico onde a palavra chave é COMUNIDADE e como as demais palavras encontradas estão ligadas a ela.

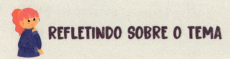

REFLETINDO SOBRE O TEMA

- Motivar os catequizandos para que, após a interpretação e comentários sobre as frases e as palavras da atividade reflitam sobre a importância de participar ativamente da vida comunitária da paróquia.
- Explicar que será implantado o Projeto Dízimo Mirim na paróquia e aqueles que se sentirem preparados e motivados, poderão participar ativamente da contribuição dizimal.
- Apresentar como será realizada a contribuição, esclarecendo as dúvidas que possam surgir. Na sequência tem-se a relação de orientações que não podem faltar:

1. COMO SERÁ REALIZADA A CONTRIBUIÇÃO DO DÍZIMO MIRIM (APRESENTAÇÃO DOS ENVELOPES, RECIBOS...)

Cada catequizando que desejar participar fará a inscrição com seu catequista. Seu nome será colocado na lista de dizimista mirim e será o seu compromisso com a comunidade.

Cada dizimista receberá um envelope com o seu nome para colocar o valor que irá contribuir.

Na segunda semana de cada mês, o dizimista mirim irá entregar o seu envelope com o seu dízimo no encontro de catequese, na secretaria paroquial ou no Espaço do Dízimo. Ao fazer a sua contribuição, será entregue um recibo ou anotado na sua ficha de acompanhamento, que é o documento que comprova a sua participação.

A sua contribuição será somada com as dos demais dizimistas e utilizada nas despesas e ações que a paróquia realiza.

2. QUANTO DEVE SER MINHA CONTRIBUIÇÃO

Não há um valor definido para a contribuição. Sabemos que o dízimo deve ser uma parte do valor que recebemos. Como vocês não possuem salário, deverão separar uma quantia deixando de comprar algo que pode ser um doce, um chocolate, um brinquedo, um jogo. O dízimo não deve ser o que sobra, mas é importante que seja resultado de um empenho ou de uma privação de algo, mas que não o prejudique.

Cada um pode se organizar para ir juntando durante o mês o valor que deseja contribuir e na semana agendada verifica o valor que conseguiu acumular.

⇒ Sugerir aos catequizandos que durante a semana reflitam sobre a participação como dizimistas mirins e conversem com sua família para decidir se irão participar do Dízimo Mirim.

ORAÇÃO

⇒ Orientar os catequizandos para que formem um círculo e de mãos dadas repitam a oração:

> *Senhor meu Deus, eu lhe agradeço por tudo o que tenho,*
>
> *sou feliz por ser seu filho e desejo cada vez mais fazer parte da tua Igreja.*
>
> *Dá-me coragem para vencer o egoísmo,*
>
> *sabedoria para compreender a importância da prática da partilha e perseverança para cumprir o meu compromisso cristão.*
>
> *Maria, mãe de Jesus Cristo e nossa mãe, intercede por nós, para que tenhamos força, fé e coragem para seguir os passos do teu filho amado e cumprir o mandamento de amor. Amém!*

CONVERSANDO EM CASA

⇒ Orientar os catequizandos para que conversem em casa sobre o tema do encontro, explicando para os familiares em que consiste o Projeto Dízimo Mirim.

⇒ Propor que dialoguem em casa sobre a participação no Projeto Dízimo Mirim, lembrando que ser dizimista é um compromisso que irão assumir e por isso é necessário refletir sobre o assunto.

O DÍZIMO NA INICIAÇÃO À VIDA CRISTÃ DE ADULTOS

Durante o período de Iniciação à Vida Cristã de adultos o tema dízimo precisa fazer parte dos conteúdos a serem abordados, pois ao motivar os catecúmenos para a partilha estaremos direcionando-os para uma vida de fé na comunidade.

O Sacramento do Batismo introduz o cristão na vida cristã e o torna missionário de Jesus Cristo, chamado a seguir e a testemunhar os seus ensinamentos, vivendo uma vida de amor, de fé e de fraternidade. A vida em comunidade oportuniza a experiência concreta de amor e partilha, mobilizando seus membros a colocar os seus dons a serviço das pastorais e movimentos e a participar do sustento da Igreja, com a contribuição do dízimo e das ofertas.

Os roteiros apresentados neste livro poderão ser adaptados para os encontros de adultos, substituindo as atividades por reflexões e diálogos. A leitura bíblica pode ser realizada sob forma de leitura orante e o item *Conversando em casa* poderá assumir a característica de reflexão sobre o tema ser abordado com a família.

Além destes roteiros pode-se preparar atividades específicas como palestras e formações ou materiais de leitura e reflexão preparadas pela Pastoral do Dízimo Paroquial.

Para abordar o tema dízimo com os catecúmenos auxiliando-os no entendimento do seu conceito e da sua importância para a comunidade, sugere-se retomar as orientações que se encontram na p. 45 deste livro.

Seguem sugestões de leituras bíblicas que poderão direcionar as reflexões nos encontros da catequese catecumenal sobre o dízimo e as ofertas, e também sobre nossa missão de cristãos batizados:

ANTIGO TESTAMENTO	NOVO TESTAMENTO	
Gn 14,17-20	Mt 23,23	At 2,44-45
Lv 27,30	Mc 16,15	At 4,34-35
Dt 14,28-29	Lc 10,27-37	1Cor 9,13-14
Dt 26,9-13	Lc 18,9-14	2Cor 9,7
Am 4,4-5	Jo 13,29	
Ml 1,7-8		
Ml 3,10		

REFERÊNCIAS

Bíblia Sagrada. 2. ed. Brasília: Edições CNBB, 2019. [Tradução oficial da CNBB – Português].

Bíblia Sagrada. 50. ed. Petrópolis: Vozes, 2001.

CALVO, Edmundo de Lima. *Dízimo na catequese de iniciação cristã*. São Paulo: Paulinas, 2013.

Catecismo da Igreja Católica. 3. ed. Petrópolis: Vozes; 1993.

CELAM. *Documento de Aparecida*: texto conclusivo da V Conferência Geral do Episcopado Latino-americano e do Caribe. Brasília: Edições CNBB, 2007.

CNBB. *Cristãos Leigos e Leigas na Igreja e na sociedade*. Brasília: Edições CNBB, 2017 [Documentos da CNBB 105].

_____. *Iniciação à vida cristã*: itinerário para formar discípulos missionários. Brasília: Edições CNBB, 2017 [Documentos da CNBB 107].

_____. *O dízimo na comunidade de fé, orientações e propostas*. Brasília: Edições CNBB, 2016. [Documentos da CNBB n.106].

_____. *Dízimo, uma proposta bíblica*. Brasília: Edições CNBB, 2015.

_____. *Pastoral do dízimo*. 8 ed. São Paulo: Paulus, 1975 [Estudos da CNBB n. 8].

Código de Direito Canônico. 10. ed. São Paulo: Loyola, 1997.

COMISSÃO DA DIMENSÃO ECONÔMICA E DÍZIMO. *Diretrizes para a Pastoral do Dízimo*. Arquidiocese de Curitiba, 2010.

Decreto Ad Gentes. In: *Documentos do Concílio Vaticano II*: constituições, decretos, declarações. Petrópolis: Vozes, 1966.

FRANCISCO, Papa. *Exortação Apostólica Evangelii Gaudium*. São Paulo: Paulus/Loyola, 2014.

IUBEL, Pe. Cristovam. *Dízimo*: formando agentes conscientes e corresponsáveis. Guarapuava: Pão e Vinho, 2015.

_____. *Dízimo e ofertas* – Aprofundamento para agentes e equipes. Guarapuava: Pão e Vinho, 2011.

MAIMONE, D. José Maria. *Dízimo*: histórias e testemunhos. Guarapuava: Pão e Vinho, 2012.

PEREIRA, José C. *Pastoral do dízimo*. Petrópolis: Vozes, 2014.

Conecte-se conosco:

 facebook.com/editoravozes

 @editoravozes

 @editora_vozes

 youtube.com/editoravozes

 +55 24 2233-9033

www.vozes.com.br

Conheça nossas lojas:

www.livrariavozes.com.br

Belo Horizonte – Brasília – Campinas – Cuiabá – Curitiba
Fortaleza – Juiz de Fora – Petrópolis – Recife – São Paulo

EDITORA VOZES LTDA.
Rua Frei Luís, 100 – Centro – Cep 25689-900 – Petrópolis, RJ
Tel.: (24) 2233-9000 – E-mail: vendas@vozes.com.br